LA DERNIÈRE CAMPAGNE

DU GÉNÉRAL LECOURBE

BELFORT EN 1815

PAR

Henri BARDY

OFFICIER D'ACADÉMIE
MEMBRE DE L'ACADÉMIE DE STANISLAS
DE LA SOCIÉTÉ BELFORTAINE D'ÉMULATION
PRÉSIDENT DE LA SOCIÉTÉ PHILOMATIQUE VOSGIENNE
ETC.

SAINT-DIÉ. — IMPRIMERIE L. HUMBERT.

BELFORT EN 1815

I

Au début de l'année 1815, l'Administration supérieure de l'arrondissement de Belfort était entre les mains de Louis Prudhomme, nommé sous-préfet par ordonnance royale du 22 Août 1814. Léon-Nicolas Quellain était maire de la ville depuis le 31 Octobre 1812, avec Didier Degé et Dreyer pour adjoints. Le jour de son passage à Belfort, le 8 Octobre 1814, le duc de Berri avait conféré la croix de chevalier de la Légion d'honneur au maire et au sous-préfet, ainsi qu'à un autre personnage bien connu dans le pays, Philibert Marcon, lieutenant-colonel de la garde nationale, l'ancien commandant en chef du corps expéditionnaire de Montbéliard en 1792; et, par ordonnance du 14 Janvier 1815, le roi avait confirmé ces nominations.

Lorsqu'après vingt-cinq ans d'exil, les princes de Bourbon eurent repris possession du gouvernement de la France, le sentiment général, à Belfort comme ailleurs, les accueillit d'abord sans défiance. De si longues guerres avaient amené tant de deuils dans les familles, que, sans abjurer les enivrements de la gloire acquise par tant de victoires, on saluait comme un bienfait le retour de la paix qui, dans la pensée commune, devait satisfaire et affermir les intérêts créés et les libertés conquises par la Révolution.

Les Belfortains, eux aussi, avaient accepté le changement de régime en faisant des vœux pour que ces vingt-cinq années de guerre, de trouble, d'anarchie et de despotisme servissent de leçon au nouveau souverain; mais, plus que beaucoup d'autres, ils étaient vite revenus de leurs premières impressions en voyant les allures retrogrades de ce gouvernement qui semblait ne pas tenir compte des changements survenus et des progrès accomplis pendant les années de son absence. Leur caractère vif et enthousiaste, leur tempérament batailleur et entreprenant, les rapports journaliers et intimes qu'ils entretenaient avec une garnison assez nombreuse, les disposaient à partager le mécontentement et la répulsion de l'armée, et surtout de ses chefs qui, pour récompense de leurs services, avaient subi de profondes humiliations. Quelle froideur, à Belfort, pour les Bourbons ; pas la plus petite somme d'argent n'avait été versée lors de la souscription publique pour le rétablissement de la statue de Henri IV ; l'illumination du 7 Octobre au soir, à l'arrivée du duc de Berri, avait été toute officielle et coûtait à la ville près de 500 francs, ce qui faisait crier le peuple, à peine remis des misères subies pendant le siège; le Sous-Préfet, surnommé *le Manchot* à cause d'un bras infirme, était antipathique à tous et ne contribuait pas peu, par son innpopularité, à déconsidérer l'autorité et à faire détester le gouvernement dont il était le représentant. Aussi, quand éclata la nouvelle que Napoléon, échappé de l'île d'Elbe, marchait sur Paris, la joie fut vive dans une grande partie de la population et surtout dans la troupe.

Le 11 Mars, à 4 heures de l'après-midi, le conseil municipal, après bien des hésitations, s'assembla extraordinairement. Il était composé de Degé, adjoint, Fortier, Ecoffet, Lapostolest, J.-B. Clerc, Vénin, Réchou, Godinot, Guy, Gannevat, Viellard et Louis Ordinaire de la Colonge.

Nous laissons ici la parole au registre des délibérations :

« M. le Maire donne communication au conseil de
« la proclamation royale du 6 Mars 1815, ainsi que
« l'ordonnance de S. M. qui y est jointe.

« A cette lecture, le conseil municipal frémissant
« d'indignation et pénétré des sentiments d'amour,
« de respect et de fidélité qu'il a voués à la personne
« de Louis-le-Désiré,

« Délibère, par acclamation et à l'unanimité, qu'une
« adresse sera de suite envoyée à Sa Majesté Louis XVIII;
« qu'une commission s'occupera à l'instant de la rédi-
« ger, afin qu'elle puisse être signée dans la même
« séance.

« La commission, empressée de remplir le vœu du
« conseil, a présenté un instant après l'adresse ci-des-
« sous, et tous les membres du conseil, après l'avoir
« adoptée par acclamation, se sont estimés heureux
« de la signer et d'expédier ainsi les sentiments res-
« pectueux qui les animent.

« Au Roi,
« Sire,
« A l'instant même nous apprenons, par la procla-
« mation royale du 6 de ce mois, que Napoléon Bona-
« parte a remis le pied sur le sol de la France dans
« l'espoir de nous diviser et d'y allumer la guerre ci-
« vile ; à l'instant aussi nos cœurs cèdent à un besoin
« impérieux, celui de déposer aux pieds de Votre Ma-
« jesté l'expression de notre profonde indignation et
« le nouveau serment de notre inaltérable dévoue-
« ment.

« Depuis que la Providence, Sire, vous a rendu aux
« vœux des Français, vous n'avez cessé de travailler à
« réparer les maux de tout genre, dont l'ambition la
« plus effrénée avait couvert notre belle et malheu-
« reuse patrie ; et c'est au moment où nous commen-
« çons à jouir du fruit de vos généreux efforts ; c'est
« au milieu du concert de bénédictions et d'actions de
« grâces dont retentit la France entière pour vos nom-
« breux bienfaits, qu'une attaque insensée se dirige
« contre le meilleur des Rois et que l'on tente de nous
« replacer sous un joug odieux !

« Non, Sire, nous ne le souffrirons pas : vous per-
« mettrez à vos enfants d'entourer leur père chéri ;
« vous accepterez le sacrifice qu'ils sont prêts à faire
« de leur fortune ou de leur vie, pour la défense de
« Votre Majesté et le maintien d'un gouvernement qui
« seul peut assurer la félicité de la France.

« Daignez, Sire, agréer avec bonté le tribut de notre
« amour et de notre reconnaissance, ainsi que l'hom-
« mage du très profond respect avec lequel nous ne

« cesserons d'être les très obéissants et très fidèles
« sujets (1). »

Cette adresse, signée par tous les conseillers présents, fut mise sous les yeux du roi le 17 Mars.

Lorsque, dès le matin du 24, on apprit la rentrée de Napoléon au palais des Tuileries, l'émotion fut indescriptible. Le drapeau tricolore fut immédiatement arboré sur la tour de l'église et au balcon de l'hôtel de ville ; tous, militaires et habitants, prirent la cocarde aux trois couleurs, aux cris de *Vive l'Empereur !* puis le conseil municipal s'empressa de faire à l'empereur les mêmes protestations d'amour et de fidélité que, douze jours auparavant, il avait adressées à Louis XVIII.

« Cejourd'hui 24 Mars 1815, à trois heures après
« midi, le conseil municipal s'est assemblé d'après
« l'autorisation de M. le Sous-Préfet : il était composé
« de MM. Gannevat, Gasner, Godinot, Dreyer, Réchou,
« Venin, Lapostolest, Guy, Blétry, Clerc, Fortier,
« Ecoffet, Viellard, Degé, adjoint, et Quellain, maire,
« président.

« Sur la proposition de M. le Maire, le conseil mu-
« nicipal délibère qu'il sera fait une adresse à Sa Ma-
« jesté l'Empereur des Français, et désigne, pour la
« rédiger, MM. Ecoffet et Degé, qui se réuniront à
« M. le Maire.

« Ces Messieurs, après s'être retirés du conseil pen-

---

(1) Dans le registre des délibérations du conseil municipal, la signature de Louis Ordinaire de la Colonge figure seule au bas de ce document.

« dant quelques instants, y sont rentrés et ont pré-
« senté l'adresse ci-dessous, que le conseil a adoptée à
« l'unanimité :
   « Sire,
« Elles ont retenti dans nos cœurs ces paroles sor-
« ties du vôtre : « Je viens éloigner de la France, pour
« toujours, les souvenirs du régime féodal, du servage
« et de la glèbe ; je n'apporte que des bienfaits. »
« La nation toute entière vous avait deviné : elle a
« semé de fleurs les avenues de votre trône immortel.
   « Dans le concert unanime des bénédictions de la
« France, distinguez un instant le cri d'amour des ha-
« bitants de Belfort ; ils font partie de ces Alsaciens
« que vous avez honorés du titre de braves ; ils vous
« jurent une fidélité à toute épreuve.
   « Et répètent ici avec le même enthousiasme le cri
« qu'ils osèrent faire entendre devant les bayonnettes
« autrichiennes, lors du passage de Sa Majesté l'Impé-
« ratrice à Belfort : Vive l'empereur, vive Marie-Louise,
« vive le roi de Rome ! »

L'enthousiasme, en effet, allait en grandissant. Le sous-préfet Prudhomme, craignant les habitants qui lui auraient fait un mauvais parti s'il eût été pris par eux, s'était enfui. Le baron major Polosson, commandant d'armes de la place, écrivait au gouvernement, le 26 Mars : « Le seul désir que forme en ce moment les soldats de la garnison de Belfort est d'être mis à même de donner à l'empereur de nouvelles preuves du sincère attachement qu'ils portent à Sa Majesté depuis de longues années et dont ils n'ont jamais dévié. »

En exécution d'un arrêté du préfet du Haut-Rhin en

date du 15 Avril, le maire Quellain fut chargé, par intérim, de faire les fonctions de sous-préfet, et Degé, premier adjoint, celles de maire.

II

Cependant l'Europe se déclarait contre Napoléon qui, si longtemps, l'avait tenue sous ses pieds, et qui répondait à ses menaces par un déploiement immédiat de ses ressources militaires. Mais pour refaire son armée, il lui fallait un certain temps, tandis que l'Europe, restée sous les armes, était prête : dès le 1er Avril, ses troupes s'étaient mises en marche. Si la France, du moins, n'avait eu à faire face que sur un seul point de ses frontières! mais toutes étaient menacées, et les soldats de la Confédération germanique et de l'Autriche pouvaient d'un moment à l'autre, se montrer sur les bords du Rhin. Les habitants du pays s'y attendaient, et prêtaient une oreille attentive à toutes les rumeurs qui commençaient à circuler. Le 26 Mars, les portes de Huningue furent fermées, mais on les rouvrit au bout de quelques jours, quand on vit que rien ne bougeait dans le pays de Bade. Une lettre de Mulhouse, du 29 Mars, disait qu'il ne courait, de l'autre côté du fleuve, aucun bruit sur le mouvement des armées étrangères; qu'elles ne dépassaient pas leurs lignes et se tenaient en observation. D'autre part, les voyageurs de Bâle et de Porrentruy affirmaient qu'il n'y avait rien sur la frontière. Plusieurs régiments, qui venaient de quitter Strasbourg, pour se rendre du côté de Belfort et de Besançon, s'en retournèrent successivement pour se porter vers Landau.

Pourtant, dans les premiers jours d'Avril, on parla avec plus de persistance de mouvements de troupes sur la rive droite du Rhin. Les Français se fortifièrent à Huningue et commencèrent à construire des redoutes et des batteries entre cette forteresse et Bâle. Bientôt après, le corps d'observation que devait commander le général Lecourbe, s'organisa en toute hâte. Ce corps d'armée, dont Belfort allait devenir le quartier-général, était chargé de la défense des défilés du Jura et des Vosges, depuis Huningue jusqu'au fort de l'Ecluse.

Le 16 Avril, le général Rapp, qui commandait l'armée de Strasbourg, arriva à Belfort pour en inspecter la garnison, qui, d'après le décret du 10 Avril, devait à bref délai être portée à 2.500 hommes, et visiter les ouvrages défensifs que l'on construisait sur les hauteurs voisines. On attendait aussi d'un jour à l'autre le lieutenant-général Lecourbe, pour prendre le commandement en chef du corps d'observation qui se réunissait autour de la place. On assurait que ce corps serait de plus de 25.000 hommes.

« Toute l'Alsace est enflammée du plus noble patriotisme, » disait le général Molitor, dans une dépêche télégraphique de Strasbourg, en date du 25 Avril. Rien n'était plus vrai. Rapp avait été accueilli par le 81e de ligne et les autres régiments de la garnison au cri de *vive l'Empereur ;* la population civile l'avait acclamé avec le même enthousiasme patriotique. Le 18 Avril, les officiers retraités, réformés et à demi-solde de la ville de Belfort avaient envoyé à l'Empereur une adresse exprimant « leurs sentiments de dévouement et de fidélité. » Une lettre de Mulhouse, du 28 Avril annonçait « qu'à Belfort on travaillait beaucoup aux fortifications, et que l'esprit public était excellent dans toutes les classes. »

En effet, dès son arrivée à Belfort, le général Lecourbe se rendit compte de la situation ; il acquit bien vite la conviction que ce serait sur cette place, et par la route directe de Bâle, que se porteraient tous les efforts de l'ennemi. C'est pourquoi, tout en visitant les passages et les défilés des Vosges et du Jura, il porta plus particulièrement son attention sur la trouée de Belfort. Il prescrivit et fit commencer sous ses yeux des travaux auxquels la population prenait spontanément part. « Il étudiait et désignait chacune des positions où, dans ce pays si accidenté, il était possible d'arrêter l'ennemi, et, en abritant nos soldats, de le contraindre, pour les déloger, à de grands sacrifices de ses forces. Envisageant ensuite la nécessité probable, après lui avoir résisté dans sa marche le plus longtemps possible, de se renfermer dans la forteresse de Belfort, et trouvant incomplètes les défenses de cette place, il s'empressa de la renforcer et de l'étendre par une chaîne de redoutes avancées, construites en terrassements sur des points bien choisis, et fermées à la gorge par de fortes palissades, pour tenir l'ennemi à distance, préserver la ville d'un bombardement et former par leur ensemble un camp retranché, où, à la dernière extrémité, il pourrait se retirer avec toutes ses forces. Cet énorme travail, auquel les bataillons de gardes nationaux étaient employés et se rendaient avec ardeur, marchait de front avec ceux de la fortification des défilés (1). »

Dès le lendemain des décrets qui ordonnaient l'organisation de la garde nationale et autorisaient celle des corps-francs, les renforts ne cessèrent d'arriver et de grossir le corps d'armée de Lecourbe. Les départements du Doubs, de la Haute-Saône, du Jura et de Saône-et-Loire fournirent le plus fort contingent. Il y eut en peu de temps dix ou douze bataillons de gardes nationaux qui prirent dans les villes la place de la troupe de ligne.

A la date du 13 Mai, le camp retranché était déjà bien pourvu en infanterie et en artillerie. Lecourbe avait sous ses ordres cinq lieutenants-généraux, parmi lesquels on nommait les généraux Abbé et Castex. En seconde ligne, les passages des Vosges se garnissaient de retranchements, et étaient gardés par deux divisions de réserve, dont la droite s'appuyait sur le camp de Belfort et la gauche sur l'armée de la Moselle.

---

(1) *La campagne des frontières du Jura en 1815, par le général Lecourbe*, par M. Challe (Mémoires de la Société d'émulation du Jura, tome V de la 2ᵉ série, 1870). — Nous emprunterons plusieurs passages à l'intéressant récit de cet auteur, qui a fait cette mémorable campagne comme volontaire dans le 4ᵉ bataillon de la Haute-Saône.

Voy. aussi *Opérations de l'armée du Jura sous le général Lecourbe, été 1815*. Paris, Baudoin, édit. in-12 (2ᵉ édition).

III

Pendant ce temps, les corps-francs s'organisaient avec une activité fiévreuse ; l'initiative privée, à laquelle on n'était pas alors habitué, faisait des efforts prodigieux et des dépenses considérables pour rassembler des hommes capables de bien manier le fusil et de tenir la campagne, pour les équiper et les armer. Il y avait naturellement, dans cette explosion de patriotisme, un certain désordre, entraînant avec lui de regrettables pertes de peines, d'argent et surtout de temps, auquel le général Lecourbe cherchait à remédier. Ainsi, dès le début, il reçut un habitant de Phaffans, nommé Pierre-Georges Oriez, un tireur de première force. Les paysans, selon lui, étaient prêts à partir, et pour les réunir, il demandait à ce que le tocsin sonnât dans toutes les paroisses. Lecourbe répondit qu'il n'était pas temps encore d'employer un semblable moyen et qu'il saurait trouver le moment de les appeler et d'utiliser contre l'ennemi leur dévouement patriotique.

Le général procédait avec plus de méthode. Il venait de charger Billig, inspecteur des forêts à Belfort, de la mission de recruter le bataillon du « Corps-franc du Haut-Rhin, » de l'organiser et de former des compagnies régulières et aussi disciplinées que possible. Billig était promu chef du corps et investi du pouvoir de nommer les officiers.

Voici, à titre de spécimen, un brevet de capitaine :

CORPS-FRANC DU HAUT-RHIN

BREVET D'OFFICIER

En exécution du décret impérial en date du 22 Avril dernier, pouvoirs qui nous ont été délégués par Son Exc. le général en chef comte Lecourbe et du commandement qui nous a été conféré :

Nous nommons le sieur *Charles-Henri, César DUCLOS*, chevalier de la Légion d'honneur, au grade de capitaine de la 1re compagnie de Corps-franc, à charge de se conformer aux instructions qui lui seront données pour le service de S. M. et pour la défense de la Patrie.

A Belfort, le 5 Mai 1815.

Le Commandant du Corps,
BILLIG.

Duclos était un ancien militaire ; il avait assisté au siège de Saragosse et fait la campagne de Russie. Les épaulettes de capitaine et la croix d'honneur avaient été la récompense de ses services. Depuis près de deux ans, il occupait le poste de garde-général des forêts à Delle, où déjà, au début de l'invasion de l'année précédente, il avait essayé la guerre de partisans.

Une lettre de Colmar, du 1er Mai, annonçait que « la maison des frères Japy, de Beaucourt, venait de lever, armer et équiper à ses frais une compagnie de garde nationale de soixante hommes, prise toute entière parmi ses ouvriers. Deux de ces frères (ils sont cinq) (1) commanderont cette compagnie, et, pendant tout le temps que durera la guerre, elle sera à la solde

---

(1) Les cinq fils de Frédéric Japy, mort le 23 Janvier 1812, étaient Fritz, Louis, Pierre, Charles et Fido.

de cette maison. Le plus jeune des frères vient de se présenter pour servir volontairement dans le 9ᵉ de cuirassiers. Il se monte, s'arme et s'équipe à ses frais, et ne veut aucune solde. »

Ce fut le plus jeune des cinq frères, Fido Japy, le propriétaire de la fabrique de Badevel, qui prit l'initiative de cette entrée en campagne. C'était un jeune homme d'une grande bravoure, d'une rare énergie et d'une capacité militaire remarquable. Lecourbe, reconnaissant tout son mérite, se l'attacha en qualité d'aide-de-camp (1).

A ce sujet, voici la lettre que le préfet du Haut-Rhin écrivit, le 16 Mai, au ministre de la Justice :

« Monseigneur, j'ai déjà fait connaître à V. Exc.
« combien la formation des corps-francs, provoquée
« pour ainsi dire par les habitants du Haut-Rhin,
« prenait d'extension et obtenait de succès dans mon
« département depuis l'appel que j'ai fait aux admi-
« nistrés, en publiant le décret impérial du 22 Avril
« dernier.

« Je ne puis laisser ignorer à Votre Exc. le bel exem-
« ple de dévouement qu'ont donné à cet égard deux
« particuliers très recommandables de l'arrondissement
« de Belfort. L'un est le sieur Japy, maire de Beau-
« court, et co-propriétaire, avec ses frères et sa nom-
« breuse famille, d'une superbe fabrique d'horlogerie

---

(1) Le fils de Fido Japy est le général de division Frédéric Japy, l'un des officiers supérieurs les plus braves et les plus distingués de l'armée française, commandant aujourd'hui le 13ᵉ corps d'armée à Marseille.

« et de vis à bois située dans cette commune. L'autre
« est le sieur Migeon, maître de forges à Grandvillars,
« établissement voisin de celui du sieur Japy. A peine
« eurent-ils connaissance du décret impérial, qu'ils
« écrivirent circulairement à quelques-uns de leurs
« amis pour les inviter à se trouver à un jour nommé
« et tout armés, dans une forêt voisine, afin d'y con-
« certer ensemble la levée d'un corps-franc. Ils s'y
« rendirent de leur côté avec leurs parents et leurs
« chefs d'ateliers. Chacun fut exact à ce premier ren-
« dez-vous, et fort étonné de s'y trouver au nombre
« de 280 hommes, bien armés de fusils de chasse à
« deux coups, de carabines, de pistolets, de sabres,
« etc. Un des détachements était arrivé avec un dra-
« peau tricolore portant pour devise : *Dévouement à la*
« *Patrie*.

« Cette troupe, plus nombreuse qu'elle ne l'avait
« espéré, après avoir conféré sur les moyens de s'ac-
« croître et de s'organiser complètement, quitta la
« forêt en bon ordre et traversa militairement la petite
« ville de Delle. Depuis cette première réunion, ce
« corps-franc s'augmente chaque jour et sera porté à
« mille hommes. Les chefs y admettent comme capi-
« taine tout homme bien connu qui leur amène
« 25 hommes choisis et armés. »

A l'autre extrémité de l'arrondissement de Belfort, un patriote non moins zélé, Mathieu Kœchlin, propriétaire de la belle filature de coton de Massevaux, levait également, dans la vallée, un corps-franc composé en partie de ses ouvriers ; on y compta bientôt plus de 300 hommes, pourvus de fusils et de munitions achetés à ses frais.

Le 21 Mai, Lecourbe passa en revue les gardes nationales formant la garnison de Belfort. « Il est impos-
« sible, écrivit ce général au ministre de la Guerre,
« de voir une troupe plus belle et mieux disposée.
« Sous peu de jours, elle rivalisera avec les corps de
« la ligne. Les bataillons qui composent la garnison
« proviennent des départements du Doubs et du Jura. »

Une correspondance de Belfort, adressée le 28 Mai au *Journal de l'Empire,* s'exprimait ainsi :

« Nos lanciers volontaires sont presque tous hommes mariés et dispensés du service militaire. Que doivent donc faire des jeunes gens indépendants, si des pères de famille s'offrent et se dévouent au bien et au salut de l'Etat ? On montre le meilleur esprit dans notre petite ville. Des cris de *Vive la Liberté!* s'allient de toutes parts à ceux de *Vive l'Empereur!* Personne ne fait de difficulté pour partir ; au contraire, de nombreux volontaires se sont offerts. Le département rivalise de zèle et d'empressement. Nous sommes entourés de troupes ; on forme des redoutes et des fortifications de tous côtés ; la ville est mise en état de défense. Chacun se montre bien et fait tous ses efforts pour ne pas rester en arrière, et c'est beaucoup dire, car j'ose assurer, sans que personne me démente, qu'il n'est pas de département dans l'Empire où il règne plus d'enthousiasme, et où le nom de l'empereur soit plus chéri et plus respecté que chez nous. Même, dans le temps à jamais exécré où l'ennemi nous dominait, la plus grande partie de nos concitoyens n'ont pas craint de manifester leur opinion et leur amour pour le souverain que la trahison avait abattu, mais non vaincu. »

Suivant une lettre de Strasbourg, du 24 Mai, au *Moniteur universel,* une division du corps d'armée du Jura venait d'arriver à Mulhouse, où le général Castex, qui la commande, a établi son quartier-général. On prétendait que les troupes du corps d'observation s'étendraient jusque vers Colmar, et qu'elles recevaient chaque jour des renforts ; mais la rumeur publique faisait circuler, à ce sujet, des chiffres d'une exagération par trop forte. Ainsi, dès le 29 Mai, une lettre d'Altkirch, reproduite par les journaux de Paris, disait que « le camp devant Belfort était déjà de trente mille hommes, et que la garnison de la place en comptait quatre mille. »

Voici ce qu'il y avait de vrai dans ces chiffres fabuleusement exagérés. Dans les premiers jours de Mai, on ne mettait à la disposition de Lecourbe que deux mille cinq cents hommes d'infanterie, composés des 6e, 52e, et 102e régiments de ligne, et trois régiments de cavalerie, les 2e et 3e hussards et le 13e de chasseurs, formant en tout neuf cents chevaux. L'armée était alors très désorganisée, et la plupart des régiments réduits à un très faible effectif. On promettait, il est vrai, de porter cet effectif à dix mille hommes par des bataillons de garde nationale mobilisée. Mais ils n'étaient pas encore organisés. Ils ne le furent que successivement, et il n'en arriva que quatre mille cinq cents, ce qui ne faisait, avec les troupes de ligne, que huit mille hommes, en y comprenant encore quelques compagnies de corps-francs.

C'est à la tête de cette petite armée que Lecourbe, après avoir été visiter encore une fois les retranchements construits aux différents débouchés du Jura, quitta Belfort pour se rapprocher du Rhin, et porta, le 25 Mai, son quartier-général à Altkirch.

IV

Revenons de quelques jours en arrière, et voyons ce qui s'était passé depuis un mois dans l'élément civil de la population.

Le 23 Avril, les membres du conseil municipal prêtèrent le serment de fidélité à l'Empereur; c'étaient : Dreyer, second adjoint, Fortier, Guy, Gannevat, Venin, Ellerique, Réchou, Godinot, Vieillard, Charles Blétry, Louis Ordinaire, J.-P. Clerc, Wild, Ecoffet et Lapostolest.

Napoléon venait de convoquer les collèges électoraux pour le milieu du mois de Mai. Une lettre de Colmar, du 16, annonçait à Paris que le collège de l'arrondissement de Belfort avait nommé, pour son député à la Chambre des représentants, Voyer d'Argenson, ex-préfet du département des Deux-Nèthes. Le *Moniteur* enregistra cette élection dans son numéro du 25 Mai. Un Belfortain, Rossée, avocat-général à la Cour de Colmar, avait été élu suppléant par le collège électoral du Haut-Rhin.

Voyer d'Argenson, né à Paris le 19 Septembre 1771, était très connu et très populaire dans notre pays, surtout dans la vallée de Massevaux, où il avait des intérêts considérables, par suite de son union avec la princesse de Broglie, l'unique descendante de cette famille héroïque des Rosen, qui sortit de Suède pendant la guerre de Trente-Ans, et vint s'associer à la fortune de la France.

D'Argenson, depuis quelques années, résidait habituellement avec sa famille à Oberbrück, village situé sur la Doller et le chemin de Massevaux à Sewen, où il possédait des forges importantes et, dans les environs, des propriétés fort étendues.

La Chambre des Représentants, aux travaux de laquelle le député de Belfort allait prendre part, fut à son début aussi confuse que nombreuse. Le temps ne permit pas de s'y classer d'une manière précise. Les souvenirs et les affections y eurent plus de part que les sentiments actuels. D'Argenson y retrouva des amis, bien étonnés de se revoir après vingt-cinq années de dispersion, Lafayette, Georges son fils, Lanjuinais, Lameth, et quelques autres encore, unis par des liens d'ancienne date.

Le 29 Mai, Triponé, Haas, François Dauphin, Laurent-Daguenet, Curtel et Humbert Clerc prêtèrent serment de fidélité à l'Empereur, en qualité de conseillers municipaux.

L'activité était grande alors dans la ville. Le décret impérial du 1er Mai, qui déclarait toutes les places fortes du Nord et de l'Est en état de siège, obligeait les habitants à s'approvisionner pour une période de six mois. On fit venir du département de la Haute-Saône tout l'approvisionnement en grains nécessaire pour la place, tant pour la garnison que pour les bourgeois. La garnison ne se composait que d'environ deux mille cinq cents gardes nationaux, et une soixantaine de chevaux, appartenant en partie au 1er régiment d'artillerie. La compagnie des canonniers de la garde nationale, forte de cent cinquante hommes commandés par Joseph Keller, et celle des sapeurs-pompiers faisaient aussi le service de la place.

On blinda l'hôpital civil, ainsi que le magasin des vivres, et, par une sage précaution, la municipalité fit venir deux nouvelles pompes à incendie. Les habitants, ceux de la classe aisée aussi bien que ceux de la classe ouvrière, ne marchandèrent pas leur concours aux travailleurs militaires, pour la construction des grandes redoutes de la Potence et du bois de la Perche. Tous y allaient avec ce joyeux entrain et cette gaieté communicative qui sont essentiellement dans le caractère Belfortain.

V

Le dimanche 11 Juin, à quatre heures après-midi, les communications d'Huningue et de Saint-Louis avec Bâle furent entièrement interrompues. Le corps d'armée des alliés, alors à Lœrrach, et celui de Lecourbe, cantonné dans l'arrondissement d'Altkirch, mettent les Bâlois entre deux feux et les jettent dans une effroyable consternation.

Le 23, Lecourbe passa la revue de ses troupes sous les murs d'Huningue; il achemina ensuite dans leurs divers postes les détachements qui devaient défendre les forts et retranchements établis sur les divers passages de la frontière. Puis il plaça des postes pour garder et défendre les routes latérales qui, au sortir de Bâle, conduisent à Mulhouse, Hésingen et Ferrette, et, avec le reste de ses forces, attendit l'ennemi dans les positions qui protégeaient la route directe de Belfort.

Il n'attendit pas longtemps. Le 26, les Autrichiens, sous le commandement du général comte de Colloredo, débouchent par Bâle, au nombre d'au moins quarante mille; ils attaquent vivement nos avant-postes avec des forces supérieures. Le général de division Abbé repoussa d'abord vigoureusement toutes les attaques, mais, devant la grande supériorité du nombre et l'extension des lignes ennemies, il se retira lentement, en bon ordre, pour aller prendre position à Tagsdorf. Le lendemain, à la pointe du jour, il se met en marche pour se porter en arrière d'Altkirch. A peine a-t-il atteint Dannemarie, où il veut placer l'avant-garde, qu'il est attaqué vivement; le village est pris et repris, mais le général, ne croyant pas devoir y passer la nuit, se retire derrière la Largue.

Les deux armées restèrent en présence le 28, sans aucune espèce d'engagements. Mais pendant cette journée de repos, le général Colloredo faisait passer à gué la Largue, à longue distance, en amont et en aval, à des corps de troupe considérables, ce qui force le général Abbé à faire, la nuit suivante, sa retraite, à deux lieues plus loin, jusqu'à Chavannes-sur-l'Etang. Il dispose au devant du village son artillerie, soutenue par le 6e et le 52e de ligne. Etabli dans cette excellente position, il y est bientôt attaqué. La journée fut chaude. Les assaillants, auxquels les quatre pièces de canon, si bien placées, font un mal énorme, sont repoussés à plusieurs reprises. L'ennemi n'en continue pas moins sa même manœuvre. Le général Ceuxey, voyant qu'il ne peut forcer cette position, détache, par des chemins de traverse, de nombreuses colonnes d'infanterie et de cavalerie, tourne notre gauche sur Saint-Côme et notre droite sur Montreux-Vieux. Ce double mouvement oblige de rechef le général Abbé à rétrograder ; il prend position à Foussemagne. C'est là qu'il est attaqué de nouveau le 30, au lever du soleil, mais comme toujours en pure perte. Le village, qui avait d'abord été pris, est presqu'aussitôt repris, et l'artillerie française fait encore là des merveilles. Il y eut, entre Foussemagne et Montreux-Vieux, un combat de cavalerie qui fit de nombreuses victimes de part et d'autre. Il y avait, parmi les Autrichiens tués, un capitaine dont le fils servait dans le même escadron en qualité de lieutenant. Ce jeune officier ne voulut pas quitter le champ de bataille sans rendre à son père les derniers devoirs : il lui fit faire un cercueil et le fit inhumer dans un endroit qu'il choisit de manière à pouvoir le reconnaître facilement dans la suite.

Tout en s'arrêtant de temps en temps dans de bonnes positions et en y contenant l'ennemi, le général Abbé, pour conserver libre la route de Belfort, dut céder ce jour-là d'une lieue le terrain jusqu'à Frais. Mais là, depuis Phaffans jusqu'à Chèvremont, il occupa une position formidable, où plusieurs bataillons de gardes nationaux furent en première ligne, ayant derrière eux en réserve le 102e régiment qui, la veille, avait tenu l'arrière-garde.

Pendant que la division Abbé défendait ainsi pied à pied la grande route de Belfort, le général Collorédo avait envoyé à longue distance, sur sa gauche, du côté de Delle, une forte colonne pour marcher sur la forteresse par cette voie détournée. Le 28, le général de brigade Meuziau, qui commandait de ce côté, l'avait vigoureusement chassée, avec deux escadrons du 2e hussards et un bataillon du 52e, des postes de Faverois, Réchésy et Courtelevant ; et, après avoir poussé diverses reconnaissances sur Pfetterhausen et Seppois sans la revoir, il s'était retiré par Roppe que gardait, avec le 5e bataillon de Saône-et-Loire, le commandant Feisthamel. C'est là que commença la réputation de ce brave commandant qui, depuis, s'éleva au grade de général de division. Il feignit de se retirer et cacha, derrière une colline, son bataillon qu'il forma là en colonne d'attaque, prête à recevoir l'ennemi, dont on signalait l'approche. Il détacha une compagnie qu'il envoya, par un sentier détourné, gagner un bois à gauche de l'entrée du village, avec ordre de ne tirer que quand l'ennemi serait passé et aurait traversé le pont sur le ruisseau de l'Autruche. Cela fut exécuté selon l'ordre et avec précision ; et à l'instant, sans donner aux Autrichiens le temps de se reconnaître et de se former, Feisthamel, apparaissant au pas de charge, les culbute, les force à repasser le pont et les poursuit en déroute jusqu'à une lieue de là. Le lendemain, la brigade ennemie revint tout entière avec trois pièces de canon. Ne pouvant résister à des forces aussi supérieures, Feisthamel fait sa retraite en bon ordre et ramène son bataillon sans perte à Offemont.

Vers le même temps, le général de brigade Bertrand, un lorrain, était assailli à Bourogne. Il gardait, avec deux bataillons de Saône-et-Loire, ce poste important, situé en arrière de Delle et à trois lieues de Belfort. La position était excellente. Les Français avaient établi deux petites redoutes devant le mur d'enceinte du château ([1]). La pièce de canon de chacune d'elles balayait la grande route qui, à cette époque, passait tout près de là. Les gardes nationaux s'étaient retranchés derrière le mur, percé de nombreuses meurtrières à tir divergent, datant encore de la fin du XVIe siècle. Coupé de notre ligne, le général repoussa vigoureusement toutes les attaques d'un ennemi bien supérieur en nombre, et après lui avoir livré un combat acharné à l'endroit appelé aujourd'hui *la Bataille*, il profita de

---

(1) Ce château, bâti sur une petite hauteur, dominait militairement la grande route de Delle à Belfort. Il était défendu par un mur d'enceinte, dont les angles étaient garnis de petites tours rondes, et dans lequel on avait ménagé, pour la défense, des baies ou barbacanes d'une forme particulière. Ces ouvrages défensifs existaient encore en grande partie à l'époque de la campagne de 1815.

la nuit pour se retirer sur Montbéliard et occuper, avec la colonne du général Meuziau, les positions de Sochaux et de Châtenois.

Les Autrichiens voulurent tirer profit de la trouée faite par l'évacuation de Bourogne, pour isoler ces deux brigades du gros de l'armée, en les tournant par Sévenans. Mais Lecourbe, venu en toute hâte, prit le commandement, et, à la tête des 2e et 3e bataillons de gardes nationaux de Saône-et-Loire, rejeta les Autrichiens au delà de Bourogne.

Le samedi 1er Juillet, les ennemis exaspérés par une résistance aussi opiniâtre et par les pertes énormes qu'ils éprouvaient, voulurent frapper un grand coup. Cherchant à toute force à intercepter les communications de l'armée française, ils étendirent leurs lignes, poussèrent de fortes reconnaissances dans toutes les directions, avec ordre d'effrayer le pays et de terroriser les habitants qui, avec un patriotisme véritablement extraordinaire, prêtaient partout main-forte aux troupes, faisant les difficiles services d'éclaireurs, de vedettes et de courriers.

Ce jour-là, entre cinq et six heures du soir, un détachement, se composant d'une cinquantaine de hussards hongrois sous les ordres de deux officiers, arriva inopinément dans la prairie située au devant du village de Beaucourt, et y cerna environ quarante personnes, hommes, femmes et enfants, occupés à y faire les foins. Les deux officiers et les hussards menacèrent de sabrer les malheureux si on ne leur délivrait pas, dans le délai d'une heure, une somme de vingt-quatre mille francs. L'officier supérieur détacha quatre hussards et un sous-officier pour aller chercher le maire de Beaucourt, Fritz Japy. Ne l'ayant pas trouvé, ils parlèrent à Bernard, commis principal des frères Japy, qui se disait représentant du maire, et lui demandèrent la livraison, dans moins d'une heure, de vingt-quatre mille francs, déclarant qu'en cas de refus ils feraient incendier la manufacture.

Les trois frères Japy étaient absents. Prévenus d'avance que les ennemis en voulaient à leur vie et à celle de leurs familles, ils avaient conduit leurs femmes et leurs enfants en lieu de sûreté. Eux-mêmes tenaient la campagne avec leur corps-franc.

Ne pouvant obtenir la somme exigée, le commandant de la troupe mit ses menaces à exécution. Il fit allumer, à la nuit close, des feux dans les magasins et dans les ateliers, puis, voyant l'incendie se propager, il se retira en laissant des vedettes sur les hauteurs voisines pour veiller à ce que les habitants n'aillent pas éteindre le feu. Le bâtiment incendié était celui qu'avait construit Frédéric Japy, en 1777, et dans lequel il avait installé sa fabrique d'ébauches de montres. Il s'y trouvait aussi les magasins de vis et les ateliers de serrurerie [1].

Le détachement de hussards hongrois qui avait attaqué Beaucourt faisait partie du corps d'armée autrichien qui occupait Porrentruy.

---

[1] La perte causée par cet incendie, en marchandises, machines, outils et mobilier, fut évaluée par les experts à 1 297,678 fr. (Docteur MUSTON, *Histoire d'un village*, tome II, page 70.)

Bien d'autres incendies eurent lieu dans cette sinistre soirée du « samedi après la Saint-Pierre et Saint-Paul, » comme disaient nos paysans à l'époque où j'ai pu recueillir encore leurs souvenirs. Quatorze villages, situés dans un périmètre de trois à quatre lieues à l'Est de Belfort, brûlaient en même temps, et les brindilles de paille enflammée de leurs toits de chaume venaient, en brillantes étincelles, tomber jusque sur la ville. C'était un spectacle navrant.

Cherchant à profiter de l'épouvante qu'il avait dû causer et du désordre qui pouvait s'ensuivre, l'ennemi, à l'aube du 2 Juillet, déboucha avec de fortes colonnes d'infanterie et de cavalerie, soutenues par une artillerie nombreuse, en arrière du village de Vézelois, dont les maisons flambaient encore, et se développèrent en face de nos lignes. Elles furent attaquées au même instant avec impétuosité, depuis Roppe jusqu'à Chèvremont. Les Autrichiens pressaient ce mouvement avec d'autant plus de vivacité qu'ils se proposaient de donner le change à leurs adversaires et, pendant qu'ils les occupaient sur la droite, de leur couper la route de Montbéliard et, par suite, celle de Besançon. Les Français soutinrent ce terrible choc avec une extrême bravoure ; la troupe de ligne montra de nouveau aux ennemis ce front invincible des soldats habitués à vaincre avec l'empereur. Les gardes nationaux, électrisés par leur exemple, redoublèrent d'intrépidité. Ils ne purent néanmoins empêcher le pont de Sévenans, sur la Savoureuse, d'être emporté ; mais il fut bientôt repris par le général Rambourg qui, à la tête de quelques escadrons de hussards, chargea les assaillants, les culbuta en leur faisant beaucoup de prisonniers, et dégagea du même coup les deux bataillons du Jura chargés de la défense du pont. L'attaque se ralentit sur ce point.

Mais pendant qu'on se battait à droite et à gauche, de fortes colonnes autrichiennes, en suivant la route d'Altkirch, vinrent, malgré la plus énergique résistance, s'emparer des villages de Bessoncourt et de Chèvremont. On se retirait en désordre, et la situation paraissait inquiétante. Le 4e bataillon de la Haute-Saône se trouvait en échelon avec un autre sur les bords de la grande route, et une masse énorme de cavalerie descendait au galop sur lui, semblable à un torrent débordé. Ce fut le premier jour de gloire de ce brave bataillon, à qui l'on avait rapidement fait former le carré. Son feu de rangs, commandé à soixante pas de distance, couvrit en un clin d'œil la route de chevaux et de cavaliers tués ou blessés; deux fois des escadrons nouveaux revinrent à la charge, et, bien que l'autre bataillon eût fléchi, ils furent deux fois arrêtés et repoussés par le feu des Comtois. Derrière eux, grâce à ce temps d'arrêt, nos troupes avaient pu se reformer à la hâte. Un brigadier de gendarmerie, saisissant la caisse d'un tambour blessé, avait battu la charge à sa place et ranimé les soldats qui, poussant des cris d'enthousiasme, fondirent sur les Autrichiens. Chèvremont fut repris par le colonel Jacquet, à la tête de son régiment, le 52e de ligne.

Pendant ce temps, le général Meuziau avait reçu l'ordre de quitter Blâmont pour se porter sur Audincourt, où se trouvait un bataillon de Saône-et-Loire et une compagnie du 62e de ligne. Il aperçut le plateau d'Etupes déjà couvert de cavalerie ennemie et d'une colonne d'infanterie de trois mille hommes qui, ayant, le matin même, passé le Doubs à Pont-de-Roide, s'avançaient vers lui avec quatre pièces d'artillerie. Cette vue ne l'intimida pas et il se préparait à recevoir le choc de ces forces redoutables lorsqu'il apprit, par le major Beurmann, que l'ennemi se dirigeait, en nombre considérable et avec un fort matériel, sur Héricourt, et que Montbéliard était occupé. Il dut alors se borner à se porter sur Belfort, sous la protection des redoutes.

Dès le matin de cette journée du 2, des hussards et des gardes nationaux de la Côte-d'Or, qui se trouvaient à Grandvillars, ayant appris ce qui s'était passé la veille au soir à Beaucourt, s'étaient hâtés d'accourir dans l'espoir d'y rencontrer encore des Autrichiens. On leur dit, en arrivant, qu'ils avaient, pendant la nuit, battu en retraite sur Saint-Dizier et Croix. Les hussards se mirent à leur poursuite, les atteignirent près de ce dernier village et leur tuèrent plusieurs cavaliers. Le reste s'enfuit dans la direction de Porrentruy. Après cet exploit, nos hussards allèrent à Croix et se firent servir à dîner dans un verger. Pendant leur repas, les Hongrois, ayant reçu des renforts, les attaquèrent à leur tour; mais ils furent repoussés par les Français, qui se replièrent ensuite vers Fesches. Les habitants de Croix donnaient la sépulture aux soldats tués quand, pour la troisième fois, les ennemis reparurent plus nombreux et, dans leur fureur, mirent le feu aux quatre coins du village.

Le 3, au matin, un ordre du général en chef accorda la grenade à tous les soldats du bataillon de la Haute-Saône, en témoignage de satisfaction pour leur héroïque conduite de la veille. Les souvenirs de ces campagnes républicaines inspirèrent plus d'une fois à Lecourbe des mesures analogues. C'est ainsi, qu'après des charges victorieuses de nos hussards et de nos chasseurs, il les autorisait à porter pendant un jour entier des branches vertes, en guise de lauriers, sur leurs schakos.

VI

Les Autrichiens, étendant leurs forces sur leur droite, commençaient à serrer Belfort de plus près. Leur intention était de gagner la grande route de Paris par Giromagny et par Ronchamp.

Le 4, au début de la matinée, le général de division Meunier Saint-Clair poussa une reconnaissance vers Giromagny. Arrivé sur la hauteur en avant de Sermamagny, il soutint un engagement contre un parti ennemi. Frappé d'un coup de feu qui lui brisa la jambe, il va être fait prisonnier, quand un jeune lieutenant de douanes, Jean-François Forget, accourt avec sa brigade, charge vigoureusement l'ennemi, resaisit le général et le met hors de toute atteinte. Cette reconnaissance prouva que la division du général autrichien Splény cherchait, dans cette direction, à intercepter la route de Paris.

Quelques heures après, les Autrichiens attaquèrent

en force Offemont, défendu par un bataillon de Saône-et-Loire, qui occupait la lisière du bois de l'Arsot, en arrière du village. Le brave commandant Feisthamel, avec ses gardes nationaux, essaya de défendre cette position, mais il tomba blessé d'une balle à la tête. Fait prisonnier, il fut conduit à Roppe, d'où il parvint à s'échapper.

La brigade de cavalerie hongroise, qui avait entamé l'attaque, fut bientôt suivie d'une colonne d'infanterie ; mais le bataillon tint bon et assez de temps pour permettre au général Lecourbe, que l'ennemi, quelque part qu'il attaquât, trouvait toujours et partout, de venir en personne se mettre à la tête des 2ᵉ et 3ᵉ bataillons du Jura et du 3ᵉ hussards, commandé par son colonel de Seganville. Après une charge impétueuse des hussards, qui rompit et dissipa les escadrons ennemis, les Jurassiens, se précipitant à la baïonnette, enfoncèrent successivement tout ce qui leur fut opposé. A leur tour, les bataillons du Jura eurent leur jour de gloire. Deux pièces de canon, mises en batterie sur la hauteur de la Miotte, achevèrent de jeter le désordre parmi les troupes autrichiennes, qui se retirèrent avec des pertes considérables.

Les Autrichiens, dans cette journée, s'étaient approchés bien près de la place, puisqu'une colonne de trois cents hommes se portait sur la Forge quand elle fut reçue par la brigade de douaniers que nous avons vue, dans la matinée, accourir au secours du général Meunier Saint-Clair en danger, et qui était, dans ce moment, préposée à la garde de ce poste. L'intrépide Forget, à la tête de ses quinze braves, se précipita aussitôt sur l'ennemi et le força à battre en retraite jusqu'à Offemont, après lui avoir fait éprouver une perte de deux officiers et de vingt-cinq hommes. Deux douaniers furent mortellement blessés. Le lieutenant Forget fut atteint de deux blessures à la tête et d'une autre à la jambe. Lorsque, transporté sur des fusils, il parut devant le général en chef, témoin de l'action de la Forge, il reçut les félicitations les plus élogieuses et la promesse d'une récompense digne de sa valeur (1).

La journée avait été sanglante ; la soirée commençait, qu'on se battait encore çà-et-là. Emportée par son ardeur, une compagnie du 5e bataillon de Saône-et-Loire se trouvait, assez loin d'Offemont, coupée du gros de la troupe. Elle était commandée par un autre brave, le sous-lieutenant Jean-Etienne Courbet (2). De ses quatre-vingts hommes, la moitié était déjà à terre.

Mais laissons-le raconter lui-même ce glorieux épisode de sa carrière militaire :

Le sabre à la main, Courbet encourage ceux qui lui restent du geste et de la parole. Une charge à fond des dragons de La Tour les balaie en courant. Il est

---

(1) Incapable, par suite de ses blessures, de reprendre du service, Forget devint simplement agent de police à Belfort. C'est dans ces fonctions que nous le retrouvons plus tard, le 25 Mars 1823, comme témoin dans l'acte de décès du conventionnel Sébastien Delaporte. Il avait à cette époque 32 ans. Il mourut à Paris, à l'Hôtel-des-Invalides, dans un âge avancé.

(2) Né à Ornans (Doubs), le 21 Décembre 1776 ; part le 5 Août 1792 pour l'armée de Rhin-et-Moselle, en qualité d'engagé volontaire dans le 11e bataillon du Doubs.

seul..... Le fer, le feu le pressent de toutes parts : il a compris qu'il faut mourir ; mais sa fin sera digne de sa vie. Pour n'être pas pris à dos, il aperçoit un arbre qui lui devient un rempart. Neuf sabres brillent en tout sens sur sa tête ; un fusil qu'il a ramassé roule dans ses mains en tourbillons menaçants, qui le garantissent pendant quelque temps des ennemis qui lui restaient. Huit avaient mordu la poussière..... Mais ce jour-là devait être fatal. Un coup de sabre lui ouvre le pouce, son arme tombe ; deux autres coups ont brisé le bras gauche et ouvert le genou. Couvert de sang, on le laissait pour mort. Revenu plus tard à lui, et se croyant seul, il essayait de se relever, quand un cavalier l'apercevant lui crie en allemand : Officier, rendez-vous.

— Non, mille dieux ! tes camarades m'ont sabré, tu m'en feras autant.

— Ne craignez rien, dit le dragon.

— Votre sabre au fourreau et je me rends.

— Non.

Galvanisé par le désespoir, Courbet prend son fusil non chargé et met le cavalier en joue à cinq pas.

— Ne tirez pas, voilà mon sabre rentré.

Il était temps, car il retombait épuisé. Après l'avoir relevé, son vainqueur lui demande sa montre, son argent et ses bottes. Il coupe ensuite ses aigles, lui enlève ses vêtements moins le caleçon, et le jette nu et mourant à l'infanterie autrichienne.

Ce qu'il savait d'allemand ralentit un instant les brutalités de ses nouveaux maîtres. Quand, se ravisant que sa capture n'était pas sans mérite, le dragon le mène au général, jaloux de lui présenter son glorieux trophée. A ce cadavre ambulant, le général crie : Vous êtes officier ?

— Oui, général.

— Et blessé ?

— J'ai reçu trois coups de sabre.

— Il fallait vous rendre plus tôt;

— N'espérant pas de quartier, je devais me défendre.

— Est-il vrai que cet homme s'est si vaillamment battu, dit-il, en se retournant vers le dragon, et que huit des nôtres ont été mis hors de combat ?

— Oui, général, répond le soldat, tout tremblant encore.

A sa prière, les papiers avaient été rendus au prisonnier, et deux Bavarois assignés pour l'accompagner à Dannemarie.

Pendant que ces actions d'éclat avaient lieu à Offemont et à la Forge, une colonne ennemie était repoussée de Pérouse par le général Abbé, et une autre, ayant voulu se porter sur la batterie du bois de la Perche, était tenue à distance par le général Lemierre de Curcy.

Par la reconnaissance poussée le matin du côté de Sermamagny, on avait acquis la certitude que les Autrichiens se dirigeaient, par Giromagny, dans la direction de Champagney. En effet, quittant aux Errues la grande route de Strasbourg, ils prirent le chemin de grande communication par Anjoutey, Etueffont, Grosmagny et Rougegoutte, évitant ainsi le canon de Belfort, et arrivèrent à cinq heures du soir près de Giromagny. Ce bourg n'était occupé que par une compagnie de gardes nationaux, sans un seul cavalier pour se porter en éclaireur. Cette petite troupe, surprise à l'improviste, essaya de construire une barricade sur la route de Rougegoutte. Mais bientôt l'ennemi se fit voir, s'avançant au pas de course. Les gardes nationaux, abandonnant la barricade inachevée, se replient dans Giromagny. Les Autrichiens y pénètrent derrière eux. Ils commençaient à mettre le feu, quand une jeune femme, madame Finot, épouse d'un commerçant notable de la localité, se jette aux pieds du général, en faisant appel à son humanité et en le suppliant de faire éteindre l'incendie et cesser le pillage. Le général se laisse fléchir et réprime aussitôt toute nouvelle tentative de désordre. C'est grâce à cette intervention que fut préservé Giromagny.

Sur ces entrefaites, une colonne s'était avancée du côté de Lepuix. Elle venait de s'engager dans la gorge du Ballon, quand elle fut reçue à coups de fusils par d'invisibles tireurs. C'étaient une cinquantaine de partisans, sous le commandement du maître de forges Migeon, qui, embusqués derrière des rochers et des arbres, défendaient l'accès de la montagne. L'ennemi, ne se sentant pas en force et n'osant s'aventurer plus avant, rebroussa chemin en toute hâte.

VII

L'immense supériorité de leurs forces avait permis aux Autrichiens de presser vivement chacun des points des lignes françaises, et le général Lecourbe, sentant la nécessité de couvrir Belfort de tous les côtés, avait rapproché de la place la plus grande partie de son faible corps d'armée. Le général Abbé contenait l'ennemi, qui tentait de le déborder pour s'emparer des redoutes en avant de Belfort et rejeter tous les postes extérieurs dans le périmètre des fortifications proprement dites. Mais les gardes nationaux, rivalisant d'intrépidité avec les troupes de ligne, venaient encore de le débusquer de Perouse, où il était parvenu à incendier quelques maisons.

Le général Collorédo résolut d'attaquer d'une manière décisive, en commençant par la redoute la plus avancée de ce camp retranché, celle du bois de la Perche, que Lecourbe avait baptisée du nom de son vaillant camarade dans la campagne de 1799, le général Gudin. Cette attaque, la plus sanglante de cette glorieuse campagne, eut lieu le 8 Juillet.

Voulant distraire de cette redoute l'attention de Lecourbe, le général autrichien simula, dès la pointe du jour, avec un grand étalage de troupes et un grand bruit d'artillerie, une attaque sur le village de Bavilliers, qui était occupé par un de nos régiments de hussards, sous le commandement du général Castex, commandant la cavalerie du corps d'armée. Mal lui en prit, car aux premiers coups de canon, Lecourbe, que son infatigable activité portait incessamment sur les divers points de la ligne, arriva au galop suivi par l'infanterie, prit le commandement des troupes, et chargeant avec une impétueuse ardeur, força à une retraite précipitée l'ennemi, qui se trouva plus engagé qu'il ne l'avait cru ; ce fut une véritable bataille et une déroute dans laquelle il fut rompu et subit d'énormes pertes.

Mais pendant que Lecourbe foudroyait ainsi les colonnes autrichiennes, la redoute Gudin avait été dégarnie, comme étant, d'après la position de l'ennemi, hors de la possibilité d'une attaque. Le général Collorédo l'avait prévu et se flattait de la surprendre et de l'enlever d'assaut. On dit même qu'il avait promis des récompenses à ceux qui y entreraient les premiers. Elle n'était gardée que par une section de compagnie du 4ᵉ bataillon des « grenadiers » de la Haute-Saône ; mais le bataillon tout entier bivouaquait à peu de distance en arrière.

Je laisse ici la parole au grenadier Challe, surnommé le *Petit Parisien* par ses camarades, témoin et acteur dans ce sanglant et mémorable épisode de la journée du 8 Juillet.

« J'étais, dit-il, dans la redoute, et, dès le lever du soleil, je fus réveillé par un coup de canon tiré au dessus de ma tête par nos canonniers sur un peloton qu'on voyait dans le lointain sortir d'un bois. Le peloton se divisa aussitôt en tirailleurs. C'étaient des soldats de ces corps tyroliens d'habiles tireurs, armés de carabines de précision, que l'on appelait les chasseurs du loup. Bientôt les balles sifflèrent autour de nos têtes en rasant la crête de l'épaulement. Un canonnier fut blessé, et force nous était de nous tenir à l'abri. Puis, inopinément, apparut sur la droite une grosse colonne marchant sur nous au pas de charge. Une de nos pièces, rapidement chargée à mitraille et pointée sur son front, y porta un ravage qui nous fut révélé par une apparence immédiate de désordre. Mais, au premier coup de carabine, le bataillon de la Haute-Saône s'était levé, avait rompu ses faisceaux, s'était formé et mis en marche au pas gymnastique, sans quitter les rangs, ce qui n'était pas encore dans les manœuvres de l'armée, et que cependant connaissaient et pratiquaient très bien nos montagnards, et, conduit par le major Morelli et le commandant Delécray, il débouchait de derrière la redoute et s'élançait sur l'ennemi.

« En même temps accourait d'un autre côté, sabre levé et au galop, un escadron du 13e de chasseurs. A la vue de cette double irruption, il y eut dans la colonne ennemie comme un tourbillon produit par la tempête, et il nous parut qu'on y donnait l'ordre de former le carré pour résister à la cavalerie. Mais nous arrivions sur lui en tête, et les chasseurs étaient sur son flanc gauche, avant qu'il eût le temps d'achever cette manœuvre. Notre adjudant-major Fournier, un petit homme aux longues moustaches rousses, sautait avec son petit cheval des montagnes dans cette masse désordonnée, où nous entrions après lui, pendant que les chasseurs s'y précipitaient de l'autre côté. Ce fut aussi terrible et aussi rapide que la foudre. En moins de temps qu'il n'en faut pour le raconter, tout fut rompu, brisé, mis en pièces, haché, massacré et anéanti. Pas un homme n'en resta qui ne fût mis hors de combat. C'était pourtant un beau bataillon et une brave troupe, le régiment des grenadiers hongrois *Prince-Alexandre*. A la vue d'une extermination aussi subite, les têtes de colonne que nous voyions dans le lointain disparurent aussitôt. Le souvenir de ce terrible combat est toujours vivant dans les traditions de Belfort. On y montre aux étrangers le lieu où il s'accomplit, et qui en a gardé le nom de *Champ de la Mort*. »

Ce fut un horrible spectacle de voir, le lendemain et le surlendemain, ces grands et beaux grenadiers couvrir le terrain qu'ils venaient d'arroser de leur sang. Un grand nombre d'habitants de Belfort, touchés de pitié, se portèrent sur les lieux où gisaient ces malheureux, pour leur donner la sépulture. Plusieurs d'entre eux respiraient encore et semblaient implorer des secours qui devaient leur être inutiles. On transporta en ville ceux qui n'avaient pas rendu le dernier soupir; mais quoique le trajet fut très court, bien peu purent le supporter. Depuis lors et chaque année, la charrue, en creusant ses sillons dans ces champs sinistres, met à découvert des ossements, des armes rouillées et d'autres objets militaires.

Le général Lecourbe fut émerveillé de la rapide et énergique spontanéité de ce fait d'armes, au succès duquel avaient également pris part les quatre-vingts chasseurs du 13e, commandé par le chef d'escadron Rédot (1), et le 4e bataillon de la Haute-Saône.

---

(1) Rédot, né à Landser; son père originaire de Belfort. Mis à la retraite en 1815, il se retira à Landser, où il épousa une demoiselle Rothéa; il y mourut en 1836. Parti comme volontaire en 1799, il avait fait les campagnes d'Italie, d'Allemagne et d'Es-

Il faut aussi rendre un éclatant hommage aux quelques artilleurs belfortains qui gardaient la redoute, et surtout à l'un d'eux, le canonnier Clavey, qui avait donné l'alarme, en tirant le premier coup de canon, et dépêché un de ses camarades à Lecourbe pour demander du secours.

On raconte que le général en chef voulut ajouter à la distinction qu'il avait accordée quelques jours auparavant au 4e bataillon de la Haute-Saône, celle de proposer pour lui une croix d'honneur. « On nous fit former le cercle, dit Challe, pour désigner trois candidats à cette haute récompense. Le choix unanime tomba en première ligne sur l'adjudant-major Fournier, qui était le premier dans le carré. En seconde ligne, ce fut notre sergent manchot, le brave Mauvais. Après quoi, il en fallait un troisième, et l'un de nos hommes s'avisa de crier : le petit Parisien ! C'était une bouffonnerie, car, parmi tant et de si braves gens, le petit Parisien n'était qu'un bien humble soldat et le plus humble de tous. Néanmoins la motion passa à la grande gaîté de toute l'assistance, et le petit Parisien fut présenté en troisième ligne. »

---

pagne ; il avait obtenu, sur le champ de bataille, la croix d'officier de la Légion d'honneur et le grade de chef d'escadron. Ses blessures étaient aussi nombreuses que ses actions d'éclat. — Un auteur qui, sous les initiales A. L., a composé, il y a plus de quarante ans, une pièce de vers intitulée *L'Ombre de Rédot,* fait, pour les besoins de sa cause, mourir son héros pendant la fameuse charge des quatre-vingts chasseurs. C'est là une pure fiction poétique.

A la suite de ces combats si meurtriers, l'ennemi resta quelque temps dans l'inaction, observant et n'osant pas attaquer les ouvrages qui formaient l'espèce de camp retranché où le général Lecourbe avait établi ses troupes. Mais la rareté des approvisionnements commençant à se faire sentir dans la place, Lecourbe envoya à Vesoul le colonel de Séganville, avec un escadron de hussards et trois cents hommes d'infanterie, pour y rassembler un convoi de vivres. Le général Meuziau avait agi dans le même sens, et tous deux revinrent avec cent soixante voitures de farine, avoine et eau-de-vie. Pour faciliter l'approche de ce convoi, le général en chef fit attaquer la ligne ennemie entre Essert et Bavilliers. Les Autrichiens se portèrent en masse sur ce point et dégagèrent la route de Vesoul. On profita de cette diversion pour faire entrer le convoi dans Belfort.

Le matin du 11 Juillet, Lecourbe fit encore attaquer avec succès la ligne ennemie pour ouvrir un passage au général Delorme, qui venait de Besançon avec un nouveau convoi de vivres.

Mais dès le soir du même jour, le général Collorédo, ayant reçu la nouvelle officielle de la rentrée du roi Louis XVIII à Paris, se hâta d'en faire part au général Lecourbe. Ils se réunirent tous deux en conférence à Bavilliers, et, après quelques difficultés qui furent levées à l'avantage des Français, les fondés de pouvoir, le général baron de Montfort, pour la France, et le baron Marschal, pour l'Autriche, arrêtèrent la convention dite *armistice de Bavilliers*. Cet armistice stipulait « qu'il serait observé jusqu'à la paix, ou, qu'en cas de rupture, les hostilités ne reprendraient qu'après un avertissement préalable dénoncé quinze jours à l'avance ; que les villages de Bavilliers, d'Essert et de Perouse seraient neutres ; que ceux de Cravanche et d'Offemont devraient être occupés par les troupes autrichiennes ; ceux du Valdoie et de Danjoutin par les troupes françaises ; que chaque quinzaine les approvisionnements de bouche de l'armée française, tirés des magasins de l'intérieur, entreraient librement dans la place, et que leur transport et leur arrivage seraient protégés par l'armée autrichienne ; que les dépêches du général Lecourbe au gouvernement français, ainsi que les réponses, seraient fidèlement transmises par l'intermédiaire du général en chef autrichien ; enfin que cette suspension d'hostilités serait portée à la connaissance de toutes les troupes des deux camps, pour être loyalement exécutée aussitôt la ratification de ces conventions par les généraux en chef. »

Elles furent immédiatement ratifiées et signées par LL. EExc. le comte Colloredo-Mansfeld, général en chef du 1er corps de l'armée autrichienne, et le comte Lecourbe, pair de France, général commandant en chef le corps d'observation du Jura (1).

Déjà, deux jours auparavant une convention à peu

---

(1) L'armistice de Bavilliers fut imprimé en placard et affiché. J'en ai vu autrefois un bel exemplaire chez un Belfortain érudit, Joseph Blétry, ancien procureur du roi, qui possédait d'assez nombreux documents concernant notre histoire locale.

près semblable avait été signée à Strasbourg par le général Rapp ; et une autre, arrêtée en principe le 9 Juillet, était signée le 12, à Lyon, par le maréchal Suchet.

VIII

Telle fut l'issue d'une campagne dans laquelle huit à neuf mille Français, dont les deux tiers étaient des gardes nationaux peu exercés, soutinrent, presque toujours avec avantage, du 26 Juin au 11 Juillet, les efforts d'une armée aguerrie de plus de quarante mille hommes. Pendant quinze jours, la petite armée de Lecourbe remonta lentement les bords du Rhin à Belfort, en s'arrêtant, à chacun des obstacles si accidentés, dans des positions désignées à l'avance, habilement choisies, faciles à défendre et pleines de difficultés pour l'ennemi. Le terrain fut énergiquement disputé, tant par les gardes nationaux que par les corps-francs, ces francs tireurs qui harcelaient sans cesse, jour et nuit, les troupes ennemies sur leurs flancs et sur leurs derrières.

Ces combats multipliés causèrent à l'ennemi des pertes si énormes qu'on hésiterait à en croire le chiffre officiel exact, s'il n'était attesté par les rapports des deux partis. Il n'était pas moindre de dix-sept mille hommes à la fin de cette si courte campagne. Seuls, les royalistes exaltés feignirent de n'y pas croire. Voici ce que, quelques années plus tard, écrivait l'un d'eux, l'abbé Descharrières, ancien professeur à l'école secondaire de Belfort : « Le général Lecourbe eut la gloire

« d'avoir mis dans quelques jours dix-sept mille alliés
« hors de combat. C'est ainsi que parlent les révolu-
« tionnaires. » Et comme ils ne pouvaient méconnaître
les talents réels et les immenses mérites de Lecourbe,
ils cherchaient à l'amoindrir et s'en prenaient à ses
lieutenants et à son armée. « La vérité, ajoute Des-
« charrières, est qu'il mit de l'ordre autant qu'il le put
« dans cette retraite; mais comme il ne se trouvait pas
« partout, l'indiscipline régna sur plus d'un point.
« Malgré le grand nombre de généraux qu'il avait sous
« ses ordres, des communes du Haut-Rhin trouvèrent
« plus de dureté dans les troupes patriotes que dans
« les alliés. Le pillage, non-seulement des denrées,
« mais encore des meubles, eut lieu dans plus d'un
« endroit, et le peuple disait assez hautement que les
« étrangers donnaient l'exemple d'une bonne con-
« duite. »

De son côté, le *Journal des Débats* n'avait-il pas été
jusqu'à écrire : « On a beaucoup parlé en France, de-
« puis deux ans, des Cosaques du Don; mais ils ne
« sont plus que des écoliers en comparaison des corps
« francs de la Franche-Comté et de l'Alsace. »

Il paraît pourtant que les alliés ne traitaient pas avec
beaucoup d'humanité les prisonniers français qui tom-
baient entre leurs mains. Leur brutalité à leur égard
était telle que ces malheureux, malgré leurs blessures
ou leur fatigue, aimaient mieux, pour leur échapper,
braver tous les hasards et toutes les misères, comme fit
Courbet qui, après avoir été capturé au combat d'Offemont, fut conduit à Dannemarie pour être ensuite di-

rigé sur Bâle avec un détachement de blessés. Arrivé à Altkirch, il parvint à s'évader et à se réfugier à Massevaux, chez le maire, où on pansa ses blessures ; puis, on lui donna un guide, qui le ramena jusqu'à deux lieues de Belfort. Un autre le conduisit, moyennant deux francs, et par des chemins détournés, jusqu'aux portes de la ville. C'était vers le 18 Juillet. Il allait entrer dans la place, quand des soldats, qu'il reconnaît pour être d'Ornans, viennent à passer près de lui ; mais, sous les haillons qui le recouvrent, il est méconnaissable à tous. Sur le glacis, il rencontre le général de Montfort, en compagnie d'un aide-de-camp, et le salue profondément.

— Eh ! qui êtes-vous ? dit le général.

— Courbet d'Ornans,... fait prisonnier à Offemont.

— On ne vous a pas rendu ?...

— Non, général.

— Mais les lois de la guerre défendent, sous peine de mort...

— Je le sais, général ; mais le diable ne tiendrait pas avec ces damnés de *Quizerliques*. Je n'y retournerais pas pour cent louis.

— Il ne fallait pas déserter. S. Exc. le général en chef vous a fait réclamer. Allez le voir.

— Dans cet équipement ? Jamais je n'oserai...

— Allez toujours, vous serez bien reçu.

Ainsi encouragé, Courbet s'éloigne, en voyant venir de son côté plusieurs officiers de son régiment, dont aucun ne le reconnaît. Pauvre diable ! disait-il en se toisant : qui me devinerait fait ainsi ? Enfin, il se décide à les saluer à plusieurs reprises, mais en vain ; il marche pendant quelque temps à leurs côtés. Cette conduite fatiguait déjà ces militaires, quand Courbet, n'y tenant plus, se précipite vers eux, en criant : « Mille dieux ; camarades, vous ne me reconnaissez donc pas? » On devine la joie qui s'en suivit. Il attend le commandant Feisthamel ; mais, tourmenté par ses blessures, il se rend à l'hôpital pour y être pansé. Le lendemain, il va chez le général en chef, qui le reconnaît immédiatement. « Quel malheur ! dit Lecourbe aux officiers supérieurs qui l'entouraient, que l'Empereur soit tombé ! il eût récompensé un pareil homme ; » et, s'adressant à Courbet : « je vous ferai payer votre solde aujourd'hui même ; vous devez en avoir besoin, mon brave. » Peu d'instants après, le capitaine Grandjacquet, d'Ornans, pourvoyait amplement son compatriote Courbet de tout ce dont il avait besoin.

Il est douloureux de consulter les registres de l'état civil de Belfort pendant la période qui s'étend du 28 Juin à la fin de Juillet. Le laconisme des inscriptions est navrant. Souvent les noms, prénoms et qualités y sont indiqués, mais d'autres fois, les morts y sont anonymes et mentionnés en bloc. Voici ce qu'on y lit :

« Deux militaires du 48e de ligne déposés à l'hôpital, tués d'un coup de feu le 28 Juin. »

« Neuf militaires, apportés du champ de bataille le 1er Juillet au soir à l'hôpital, y sont morts le 2 au matin, par suite de blessures. »

« Huit militaires blessés sur le champ de bataille le 4 courant, portés mourants à l'hôpital, y sont morts le 5. »

Les noms de plusieurs officiers figurent dans ce registre : J.-J. Deschaux, chef de bataillon du 102e de ligne, mort le 30 Juin ; Moreau, capitaine au 1er bataillon de la Haute-Saône, mort le 2 Juillet ; Michel Dufruit, capitaine de voltigeurs au 1er bataillon du 6e de ligne, entré à l'hôpital le 4, mort le 6 ; Philippe Ducreux, lieutenant au 5e bataillon de Saône-et-Loire, entré le 4, mort le 17 ; Jean-Marie Lapujade, lieutenant de grenadiers au 102e de ligne, entré le 1er Juillet, mort le 1er Septembre ; Alexis Jeanmougin, sous-lieutenant au 3e bataillon des gardes nationales de la Haute-Saône, blessé le 4 Juillet, mort le 22 ; Henry-Louis Erden, lieutenant au 2e régiment de hussards, 2e escadron, blessé le 1er, mort le 8.

Quelques sous-officiers sont également mentionnés : Ch.-Fr.- X. Bonnedouce, sergent-major à la 2e compagnie du 2e bataillon de gardes nationales du département du Jura, mort le 1er Juillet ; Jean-Claude Delègle, sergent au 2e bataillon du Jura, blessé le 1er, mort le 6 ; Gabriel Rouan, sergent au 52e de ligne, 2e compagnie du 1er bataillon, blessé le 4, mort le 12.

Citons aussi les noms de deux préposés des douanes, blessés le 4 Juillet à l'affaire de la Forge : Joseph Jourdain, mort le 6, et Maurice Thiriet, mort le 22.

Et la funèbre liste se continue encore par la brève citation d'un certain nombre de caporaux, grenadiers et fusiliers, victimes obscures de leur devoir et de leur patriotisme.

L'hôpital civil et les salles militaires, dont la réunion dans l'ancien bâtiment des Capucins avait été effectuée le 1ᵉʳ Juillet 1812, regorgeaient de blessés. Le poste de chirurgien-major était confié au docteur Mathieu Bardy. Il fut secondé dans ces laborieuses et difficiles fonctions par le docteur Blétry et l'aide-major Regnauld, du 62ᵉ de ligne (1).

Il est curieux de lire, dans les journaux parisiens d'alors, les récits fantaisistes et les étonnantes nouvelles qu'on leur adressait touchant les évènements dont le pays de Belfort était le théâtre. C'est ainsi que, dès le 26 Juin, on disait déjà : « Le général Lecourbe apprend que l'Empereur a abdiqué et que les deux Chambres ont nommé des commissaires pour traiter de la paix avec les souverains alliés. Le général demande en conséquence que les Suisses ne commettent pas d'hostilités jusqu'à ce qu'on connaisse le résultat de ces négociations. Le général Lecourbe a demandé une suspension d'armes aux généraux alliés. »

Puis viennent les bruits contradictoires, publiés sérieusement, ainsi que prétendent le faire les journaux bien informés de la capitale, surtout aux époques troublées, et Dieu sait ce qu'ils peuvent publier, dans de pareils moments, en fait de nouvelles fausses et stupides ! Rappelons-nous ce que nous lisions en 1870-71.

« On écrit de Carlsruhe le 7 Juillet : Le général Lecourbe est appuyé avec son corps de dix à douze mille hommes aux retranchements de Belfort. Cette ville ainsi

---

(1) Voyez mon travail intitulé *Coup d'œil sur l'histoire des hôpitaux, de la médecine et de la chirurgie dans le canton de Belfort*, publié dans la « Revue d'Alsace, » vol. de 1852, page 156.

que Besançon ne sont pas encore rendues aux troupes alliées. »

« De Bâle, le 18 Juillet : Aucune forteresse de l'Alsace ne s'est encore rendue ; quelques-unes cependant ont suspendu les hostilités. »

« La forteresse de Belfort (Alsace) a été enlevée par les troupes autrichiennes après cinq assauts qui ont coûté beaucoup de sang de part et d'autre. » (*Journal des Débats*, du 22 Juillet 1815.)

« Le général Lecourbe a fait une convention avec le corps autrichien sous les ordres du général comte de Collorédo. Par suite de cette convention, le général Lecourbe se retire sur la rive droite de la Loire avec ses troupes et tout le matériel. Les Autrichiens occupent maintenant Belfort. » (Id., numéro du 23 Juillet.)

Et dans le numéro du 25, le même *Journal des Débats* démentait cette occupation.

Aussitôt après la suspension d'hostilités, les troupes furent réparties dans leurs divers cantonnements. Les loisirs du bivouac permirent d'observer de près le caractère et le genre d'esprit des populations de la Franche-Comté, dont les trois départements étaient représentés dans les bataillons de garde nationale. La franchise et le bon accord ne cessèrent un instant de régner dans leurs rangs. « Jamais, dit M. Challe, dans les *Souvenirs d'un jeune volontaire de 1815,* l'ombre d'une querelle ; ni emportements, ni rudesse. La droiture et la bonhomie bourguignonnes, avec une pointe un peu plus accentuée de finesse et de verve narquoise. L'imagination s'y révélait souvent par des récits et des contes.

Chaque soir, au bivouac ou dans la chambrée, on disait : « Qui va nous conter aujourd'hui une histoire ? » Il s'en présentait toujours plusieurs. Puis, venaient des contes fantastiques : un petit pâtre qui, par ses conseils ingénieux sauvait l'armée du roi, et pour sa récompense épousait la princesse; une belle jeune fille avisée, qui, courtisée par de brillants chevaliers, et docile aux conseils de la fée sa marraine, les mystifiait, sauvait sa vertu et faisait un riche mariage. La politique se mêlait quelquefois, avec ses illusions parfois curieuses, dans les racontars de nos troupiers. Enthousiastes des grandeurs majestueuses de l'empire, ils ne voulaient croire ni au départ de Napoléon, ni au retour du vieux monarque infirme qui, dans leur langage méprisant, était « le roi dix-huit, qui porte des jupons. »

IX

Lecourbe avait payé sa dette à la France en défendant héroïquement son territoire contre l'invasion étrangère, mais il n'avait ni répulsion pour les Bourbons, ni aucune raison de se mettre en révolte contre le gouvernement que les chances de la guerre avaient ramené, auquel Paris avait ouvert ses portes, et que la France paraissait accepter. Toutefois, connaissant l'esprit de son armée, il était embarrassé pour lui annoncer ce changement. Douze jours se passèrent silencieusement, après lesquels vint un incident singulier. Se produisit-il indépendamment de tout ordre du général ?

Nul ne saurait le dire. Mais dans la nuit du 22 au 23 Juillet, un drapeau blanc fut hissé au sommet de la tour de l'église de Belfort. Ce fut une grande émotion dans la troupe, quand, au point du jour, il fut aperçu. Un grand nombre de soldats coururent aussitôt à l'église, montèrent à la tour, mirent le drapeau en pièces et en jetèrent en bas les morceaux. Quelques heures après, toute la garnison était réunie sur la place d'armes. Chaque bataillon formait le cercle, et son commandant lui donnait lecture d'un noble et sage ordre du jour du général en chef, où se trouvaient les passages suivants :

« Tant que vous avez cru que l'invasion de la France
« avait pour but son morcellement, tant que vous avez
« vu que la réunion de nos forces et de nos moyens
« pourrait arrêter ou retarder cette invasion sur les
« points que vous occupiez, vous avez déployé la fer-
« meté, le courage et la discipline qui caractérisent le
« vrai Français. Dix combats que vous avez livrés ou
« soutenus, des portes de Huningue jusque sous les
« murs de Belfort, ont prouvé à l'ennemi que cette par-
« tie de l'armée du Jura avait conservé la bravoure et
« l'honneur français. Aujourd'hui que la guerre n'a
« plus de but, que le Roi s'occupe à organiser son gou-
« vernement, à cicatriser les plaies de la France, qu'at-
« tendons-nous pour nous réunir à lui ?

« Militaires de toutes armes et de tout grade ; et
« vous, gardes nationaux, qui, dans cette courte cam-
« pagne, avez rivalisé de bravoure avec les troupes de
« ligne, soyez assurés de sa bienveillance paternelle ;
« rappelez-vous que la force armée est essentiellement

« obéissante ! Soyons donc calmes, et attendons avec
« respect les ordres qu'il plaira au Roi de nous donner.
« La France a besoin plus que jamais de l'union de ses
« enfants, et je compte assez sur la confiance que vous
« me témoignez, pour être assuré que vous ne ferez
« rien de contraire à l'honneur, à la discipline et à la
« soumission que vous devez au roi Louis XVIII. Vive
« le Roi ! »

Dans le cercle formé par le 4ᵉ bataillon de la Haute-Saône, dit Challe dans ses *Souvenirs*, un moment de silence suivit cette lecture. Puis le sergent Mauvais répondit d'une voix calme et assurée : « Non, vive l'Empereur toujours ! » Et toute l'assistance répéta à demi-voix, mais sans autre signe d'insoumission : « Vive l'Empereur toujours ! »

Quelques jours après, les gardes nationaux furent licenciés. Chaque homme reçut un congé en bonne forme et s'achemina vers le foyer domestique.

A peine rentré en possession de son trône, Louis XVIII dut convoquer une Chambre nouvelle. La voilà donc réunie, cette Chambre réputée *introuvable ;* et, en effet, grâce à son allure, à son langage, et jusqu'à son costume et à la coupe de ses vêtements, il était difficile de savoir d'où elle était sortie, si l'on ne se fût rappelé que beaucoup de ses membres venaient en droite ligne de l'extérieur, et que leur élection n'avait eu lieu qu'avec l'intervention des Cosaques.

Voyer d'Argenson en fit partie pour le Haut-Rhin. Il est à remarquer qu'en ce temps les collèges d'arrondissement présentaient des candidats à celui du département. Elu à la fois candidat dans la Vienne et dans le Haut-Rhin, le journal de la préfecture avait soin de relever avec affectation sa qualité de *membre de la Chambre des Représentants,* comme une cause de suspicion. Quoique ce reproche lui eût fait perdre des voix dans la Vienne, il ne détourna pas de lui les suffrages des électeurs de l'arrondissement de Belfort, dont le collège réuni le 14 Août, avait été présidé par Roman, fabricant à Wesserling, nommé par ordonnance royale du 26 Juillet.

Dans le courant du mois d'Août, les adresses de soumission affluèrent de toutes parts aux Tuileries et aux divers ministères. C'est ainsi que nous voyons le *Moniteur* du 13 enregistrer « la soumission adressée au Maréchal ministre de la guerre pour être présentée au Roi par les officiers, sous-officiers et soldats du 6e régiment de ligne à Belfort. » Puis, dans le numéro du 22 Août, une adresse des adjoints et des membres du conseil municipal de la ville de Belfort où sont exprimés « des sentiments de fidélité, d'amour et de dévouement à la personne sacrée du Roi et à son auguste famille. »

Cependant les journaux de Paris continuaient à publier, sur la situation de Belfort, des nouvelles dans le genre de celle-ci : « On écrit de Colmar, le 6 Août : On s'attend à voir cesser d'un moment à l'autre l'effet de l'armistice qui a été réglé dernièrement par une convention entre le général Lecourbe et le général autrichien qui commande le siège de Belfort. Il paraît que ce dernier tient à ce que cette forteresse se rende aux armes de l'Autriche, et que ce n'est, en général, qu'à cette condition que des transactions ultérieures pourront avoir lieu par rapport aux places fortes. Des prératifs considérables que l'on remarque autour de Belfort semblent indiquer que ce siège ne tardera pas à être repris, et qu'il sera poussé avec une grande vigueur. Au surplus, d'après les stipulations de l'armistice, la reprise des hostilités devra être annoncée dix jours à l'avance, et cette formalité n'est pas encore remplie, à ce qu'on assure. »

Pendant ce temps, grâce aux efforts de Lecourbe, à la considération et à l'estime que lui témoignait l'état-major autrichien, et qui s'étaient affirmés par les conditions avantageuses de l'armistice, Belfort jouissait d'une tranquillité relative. A l'abri de son fort, protégé par ses redoutes, ses canons et sa brave petite armée, la place était calme, alors qu'une partie de la France était inondée de troupes étrangères et qu'Huningue allait se transformer en ruines. Habitants et soldats, tous professaient pour Lecourbe une admiration profonde et un respect sans bornes ; tous aussi cherchaient à lui montrer leur reconnaissance. Lorsque le 27 Juin, au début de sa retraite héroïque, il arriva devant Altkirch, ville ouverte qui s'étend en amphithéâtre en face de la route, il lui eût été facile de s'y arrêter et, avec quelques retranchements, d'y retarder de quelques jours la marche de l'ennemi. Il y avait d'abord songé ; mais c'eût été, sans plus de profit, la ruine et l'incendie de cette ville. Lecourbe montra, en cette circonstance, une humanité dont Altkirch lui sut le plus grand gré. La municipalité, au nom des habitants, lui écrivit une lettre empreinte des sentiments de la plus vive reconnaissance, à laquelle le général répondit par la dépêche suivante (1) :

« Au quartier général à Belfort, le 9 Aoust 1815.

« Le général en chef LECOURBE, *Commandant le*
« *Corps d'observation du Jura,* A Messieurs les Maire
« et membres du Conseil municipal d'Altkirch.

« J'ai reçu, Messieurs, l'obligeante lettre que vous
« m'avés fait l'honneur de m'écrire. L'expression des
« sentiments qu'elle renferme à mon égard m'est ex-
« trêmement sensible. Toujours enclin par la bonté de
« mon cœur à soulager les habitans, et à rendre le
« moins pesants le fardeau de la guerre, je suis bien
« récompensé lorsque je peux reconnaître les soins et
« les égards que votre comune a eu pour moi.

« Je suis heureux d'avoir su mériter votre estime et
« je ferai mes efforts pour la conserver.

« Veuillez, Messieurs, agréer les sentiments de ma
« haute considération.

« LECOURBE. »

Dès le 1er Septembre, le licenciement des troupes du corps d'observation du Jura commença.

Une lettre de Bâle, datée du 10, disait : « Les trou-

---

(1) Ce document est soigneusement conservé aux archives d'Altkirch ; la copie m'en a été donnée par M. Charles Goutzwiller, ancien professeur de dessin au collège de cette ville. La lettre est autographe, à l'exception des trois premières lignes, qui sont imprimées. Nous en avons respecté les quelques incorrections orthographiques.

pes, sous les ordres de Lecourbe, se licencient successivement. Aussitôt cette opération terminée, le blocus de la place sera levé. On évalue les forces du général Villad, chargé du blocus, à vingt mille hommes. Ils sont cantonnés dans les villages voisins. »

Deux jours après, des lettres de Belfort annonçaient que « le licenciement des troupes s'effectuait et que les gardes nationales mobiles avaient déjà été renvoyées dans leurs foyers. Les communications avec Belfort allaient être rétablies, comme elles l'étaient déjà avec Besançon. »

On écrivait encore de Bâle, à la date du 12, que « les troupes autrichiennes, qui se trouvaient en grand nombre dans les environs de Montbéliard, en étaient parties, et qu'elles ne s'étaient pas dirigées contre Belfort, comme on en avait répandu le bruit, mais avaient pris la direction du camp de Dijon. »

X

Par ordonnance royale du 5 Septembre, le comte Woldemar de Brancas fut nommé sous-préfet de l'arrondissement de Belfort, en remplacement de L. Prudhomme.

Comme les opérations du licenciement se faisaient avec rapidité, le général Lecourbe, par lettre du 12, invita le Conseil municipal à procéder de suite à une nouvelle organisation de la garde nationale, afin d'assurer le service de la place.

Pour la fin du mois, l'Administration française était rétablie dans les arrondissements d'Altkirch et de Belfort; les employés des douanes et des droits réunis se trouvaient à leur poste. L'espoir de quelques Bâlois, qui se flattaient que l'arrondissement d'Altkirch serait cédé au canton de Bâle, ne devait pas être réalisé. « Il y a plus, ajoutaient les journaux de Paris à la date du samedi 30 Septembre, c'est que nous apprenons de très bonne source qu'il ne sera rien détaché de l'Alsace et que cette province restera toute entière à la France. »

Dès les premiers jours d'Octobre, on apprit que l'empereur Alexandre venait de quitter Paris pour rentrer dans ses états, et qu'il passerait très probablement par Belfort. Cette nouvelle excita de la curiosité, car le tzar était sympathique et l'on savait combien avait été grande son influence personnelle pour adoucir les rigueurs de l'invasion, réfréner les convoitises démesurées de la Prusse, et maintenir la France dans les frontières qu'elle avait en 1790. Les habitants de notre région n'ignoraient pas non plus que lors de son entrée en France, près de trois mois auparavant, l'empereur de Russie avait été fort irrité en apprenant les incendies de Beaucourt et de Croix; il avait, en effet, exprimé le désir de voir ménager le pays de Montbéliard, n'oubliant pas qu'Etupes était la patrie de sa mère ([1]).

([1]) Sophie-Dorothée-Augusta-Louise, fille du duc Frédéric-Eugène, prince de Montbéliard, née le 23 Octobre 1759, épousa le 17 Octobre 1776, le grand-duc Paul, qui devint empereur de Russie; elle donna le jour, le 23 Décembre 1777, à l'empereur Alexandre Ier.

Le tzar envoya un de ses aides-de-camp auprès des frères Japy pour leur exprimer ses regrets de ce qui s'était passé, et, en dédommagement, il leur fit offrir des secours en argent, des dons de terres et des villages, ainsi que de grandes dignités, s'ils voulaient transporter leurs industries en Russie. Les Japy déclinèrent ces offres et répondirent « qu'ils ne vendraient
« jamais leurs inventions aux ennemis de leur patrie,
« et que d'ailleurs ils avaient assez de ressources pour
« se suffire à eux-mêmes et réparer le désastre (1). »

Le 8 Octobre, le général Lecourbe, gouverneur de Belfort, sortit de la place, avec une escorte de hussards et de chasseurs, pour se porter au devant de l'empereur Alexandre, jusqu'aux avant-postes autrichiens. Il rencontra ce souverain près d'Essert et l'accompagna jusqu'à mi-chemin de Perouse, en passant sur les glacis de Belfort. Pendant ce temps, le château tirait une salve de cent et un coups de canon.

Ce jour-là, Lecourbe monta à cheval pour la dernière

---

(1) *Histoire d'un Village,* par le Dr MUSTON, tome II, page 71. — Du reste, les travaux ne furent pas interrompus à Beaucourt, puisque les grands ateliers des bâtiments dits de la Pompe et du Manège ne furent pas incendiés. Voir encore, pour plus de détails, dans la *Revue d'Alsace,* de 1863, page 280, la « Notice présentée à M. le Préfet du Haut-Rhin par MM. Japy frères, mécaniciens-fabricants en horlogerie, brevetés pour la fabrication des vis à bois, à Beaucourt, sur les pertes énormes et les dommages incalculables qu'ils ont éprouvés le 1er Juillet 1815, lors de la dernière invasion des troupes alliées, époque à laquelle leurs manufactures, tout ce qu'elles renfermaient, et les bâtiments qui en dépendaient, furent incendiés par ces mêmes troupes alliées. »

fois. A partir de ce moment, l'affection de vessie qui, depuis quelque temps déjà, le faisait souffrir, augmenta et prit un caractère qui devint bientôt inquiétant. Dalbavy, son médecin, ne se méprit pas sur la gravité du mal. Malgré les efforts surhumains que faisait encore le malade pour le dompter, il fallut pourtant qu'il se résignât à ne plus sortir. Il habitait la maison Antonin, située dans la Grande-Rue, en face la Petite-Fontaine (1). L'impératrice Marie-Louise et le petit roi de Rome y avaient passé la nuit du 30 Avril au 1er Mai de l'année précédente, et c'est dans l'appartement qui avait abrité ces deux illustres fugitifs que le défenseur de Belfort était en proie à de cruelles souffrances.

On instruisait en ce moment le procès du maréchal Ney. On se hâta, pendant qu'il en était temps encore, d'interroger Lecourbe, qui ne répondit que ces quelques paroles : « Je ne puis assurer si le maréchal Ney, « avec ses troupes, eût pu arrêter le torrent; je crois « qu'il n'était plus temps. J'ignore s'il y a eu des agents « de Bonaparte pour débaucher ses troupes. Dans ce « cas, ils auraient obtenu une influence bien perni- « cieuse. »

Le triste dénouement, que tout le monde pressentait et redoutait, ne se fit pas attendre ; dans la nuit du 22 au 23 Octobre, le général Lecourbe rendit le dernier soupir.

Nous transcrivons ici son acte de décès :

« L'an mil huit cent quinze, le vingt-trois du mois

---

(1) C'est maintenant la Préfecture.

« d'Octobre, à trois heures après midi, par devant nous
« Joseph-Marie Degé, premier adjoint de la ville de Bel-
« fort, département du Haut-Rhin, faisant les fonctions
« de maire et d'officier de l'état civil, sont comparus
« MM. Jacques Lhomme, âgé de vingt-deux ans, lieute-
« nant aide-de-camp présentement en cette ville, et Jean-
« Pierre Boillot, âgé de cinquante-quatre ans, avocat et
« colonel de la garde nationale de cette ville, lesquels
« nous ont déclaré que Son Excellence le comte Lecourbe
« (Claude-Jacques), général en chef du corps d'armée du
« Jura, âgé de cinquante-six ans, né à Ruffey, départe-
« ment du Jura, est décédé le jour d'hier à minuit pré-
« cise, dans la maison de M. Antonin, président du tri-
« bunal civil, située Grande-Rue. Et ont les déclarants
« signé avec nous le présent acte de décès, après qu'il
« leur en a été fait lecture. »

La nouvelle de cette mort se répandit rapidement. Une désolation aussi profonde que sincère s'empara de la population et de la garnison, témoignant ainsi combien étaient grandes l'admiration et la reconnaissance qu'emportait avec lui le vaillant général. Les Belfortains, sans en excepter un seul, étaient fermement convaincus qu'il avait sauvé leur ville d'une ruine presque certaine.

Le Conseil municipal s'assembla et prit la décision suivante :

« Interprète des sentiments de regrets qui affectent
« si profondément tous les habitants de cette cité à
« l'occasion de la mort de S. Exc. le lieutenant-général
« Lecourbe, qui prive le roi et la France d'un de ses

« plus fermes soutiens, et qui a garanti avec tant de
« prudence et de valeur ces murs des horreurs de la
« guerre, le Conseil municipal de la ville de Belfort
« confirme la désignation qui a été faite par le corps
« des officiers de la garde nationale, de MM. Boillot,
« Jean-Pierre, colonel; Gazener, François; Clerc, Jean-
« Pierre, capitaines, et Blétry, Charles, lieutenant de
« la garde nationale, d'accompagner le convoi funèbre
« du général, et de lui rendre, au nom de la ville de
« Belfort, les derniers honneurs.

« Extrait de la présente leur sera remis pour leur
« donner lieu de passeport. »

XI

Lecourbe avait exprimé le désir d'être inhumé à Ruffey, son village natal. En conséquence, le 24 Octobre, ses dépouilles mortelles quittèrent les murs de Belfort, salués d'un dernier adieu par les canons du château et le feu de la mousqueterie. La garde nationale, les vétérans, les hussards, les chasseurs, les aides-de-camp du général, les autorités civiles et militaires accompagnaient le char funèbre, suivi d'une foule attristée et recueillie. Arrivé sur la hauteur de Bavilliers, le cortège s'arrêta. Là, au milieu d'un morne silence, Jean-Baptiste Gannevat, avocat et membre du Conseil municipal, prit la parole, au nom de ses collègues :

« Habitants de Belfort ! Votre douleur a devancé le

« coup fatal. A peine celui qui défendit vos murailles
« et protégea vos foyers, sentait-il les premières at-
« teintes du mal auquel il vient de succomber, que
« déjà votre amour, ajoutant à sa situation présente
« les terreurs de l'avenir, voyait la Patrie privée d'un
« illustre défenseur, et notre ville orpheline tout en-
« tière... Vos pressentiments n'étaient que trop réels !
« C'est à présent que vos larmes doivent couler, si la
« source n'en est tarie. Plus d'espoir, plus de consola-
« tion ; votre général, votre père, votre ami, dort d'un
« sommeil éternel... Vous ne le verrez plus.

« Frappé comme vous d'un trait mortel, je voudrais
« gémir en silence ; organe de la douleur publique, je
« dois reproduire un instant à vos yeux le héros que
« nous perdons, vous rappeler les faits d'où découlent
« ses grandeurs, ses disgrâces, notre admiration et
« nos respects. Ah ! si pour toucher, émouvoir et péné-
« trer, il suffisait d'un sentiment profond, qui pourrait
« me disputer la palme de l'éloquence ? Ma voix est
« éteinte, les objets se confondent dans ma pensée, et
« si j'en croyais ma douleur, je ne cesserais de crier :
« Pleurez, pleurez, pourriez-vous trop pleurer une
« tête aussi chère ! »

L'orateur fait ici une biographie du général, parle de
ses campagnes dans le Nord, sur le Rhin, sur le
Danube et en Suisse, puis de sa disgrâce à la suite du
procès de Moreau, son ancien chef, et reprend en
ces termes : « Des armées étrangères viennent sur
« notre territoire venger le malheur du monde ; Bona-
« parte chancelle. Il voit dans Lecourbe un ennemi

« plus dangereux que les phalanges du Nord ; il le
« relègue loin de ses affections, loin d'un peuple prêt
« à tout entreprendre sous un capitaine invincible.

« Porté sur les ailes de l'espérance, Louis XVIII
« arrive au trône de ses pères ; Lecourbe obtient un
« premier coup d'œil, un regard favorable du monar-
« que. Le général reprend sa place parmi les braves,
« il forme des légions nouvelles, il voudrait conquérir
« tous les cœurs, réunir toutes les volontés ; ses efforts
« sont connus, et bientôt la récompense les couronne ;
« il est fait comte de Ruffey.

« Ici je m'arrête, épouvanté du spectacle que l'envie
« s'efforce de présenter à ma vue. « Les bienfaits, me
« dit-elle, n'ont pas fixé ton héros ; un sourire de César
« a suffi pour l'entraîner !... » Peuple du Jura, minis-
« tres, généraux fidèles, et vous surtout, roi des Fran-
« çais, je vous adjure. Dites-moi ce qu'il fallait faire
« dans le danger de la patrie. La défection était com-
« plète, la trahison organisée ; la volonté, impuissante
« pour le bien, ne pouvait enfanter que la guerre
« civile, et c'est contre un maréchal de France, investi
« récemment de tous les pouvoirs, de toute la con-
« fiance d'un souverain, haranguant une armée déjà
« séduite, sous les yeux d'une populace mutinée, au
« milieu de ses proches, qu'un officier en sous ordre
« devait donner le signal d'une lutte désespérée, d'une
« Saint-Barthélemy !... Et lui aussi, il croyait, dans
« l'amertume de son cœur, la cause des Bourbons
« perdue !... L'expérience a prouvé que pour la gagner,
« pour dissiper les regrets des vrais patriotes, il ne

« fallait pas moins que le concert presqu'incroyable de
« tous les souverains du continent.

« Mais il a servi le transfuge, il en a reçu des hon-
« neurs, il s'est armé pour lui?... Penseurs austères
« et souvent sans foi, une erreur est-elle donc un
« crime? Et qui de vous ne s'est pas trompé? Dites-
« moi, a-t-il fait entendre une voix parricide contre
« son roi? Où sont ses proclamations, ses éloges de
« Bonaparte? Ah! il a vu son pays menacé d'un débor-
« dement épouvantable; il a couru nous protéger; il
« ne pensait qu'à nous sauver. Il a réussi pour vous,
« au moins, habitants de Belfort. Il vous a sauvés, et ce
« n'est pas ici que ses mânes trouveront des accu-
« sateurs.

« Dès le mois de Mai dernier, il ne nous a quittés que
« pour retarder la marche des étrangers sur nos murs.
« On eût dit que Belfort recélait à ses yeux le Palla-
« dium de la France. Forcé de quitter les positions
« d'Huningue, avec quel acharnement il a défendu le
« terrain pied à pied. Ses combats de tirailleurs sont
« devenus des batailles rangées, puisqu'il avait en tête
« une armée formidable, et, partout, nos soldats fai-
« saient des miracles. Souvent l'ennemi a dû nous
« croire supérieur en force; vous-mêmes, vous avez
« soupçonné que la partie pouvait être égale... Un
« Français battait alors six Autrichiens!

« Enfin, votre triste cité n'était plus garantie que
« par des ouvrages avancés qu'une faible artillerie, des
« garnisons peu nombreuses, ne pouvaient conserver
« longtemps contre des masses d'assaillants; un point

« emporté, un de vos ouvrages tourné contre vous, et
« Belfort n'était plus qu'un amas de cendres et de dé-
« combres. Notre général le savait, et sa pensée, qui
« lisait dans l'avenir, lui suggéra de maîtriser le pré-
« sent. Il se faisait craindre ; il lui fut facile de compo-
« ser : son armistice est peut-être le chef-d'œuvre de
« ses triomphes.

« En effet, la paix n'a pas cessé pour nous. Si nous
« avons aperçu les orages, nous n'avons pas couru les
« hasards de la tempête. A peine la curiosité nous a
« fait voir quelques fragments de ce million de sol-
« dats répandus sur la France.

« La loi cruelle de la nécessité se faisait sentir ; à la
« voix de votre chef, plutôt qu'à son ordre, vous avez
« soldé des troupes qui réclamaient le prix de leurs
« services. Eh bien ! ce sacrifice a passé pour une
« offrande, et la loi du devoir a été présentée comme
« le mouvement de la générosité : vous avez tout ga-
« gné, puisque vous n'avez rien perdu

« Et qui vous a valu tant de bienfaits ? C'est cette
« raison toujours féconde, cette tactique toujours sûre
« qui s'associe aux évènements et les fait concourir au
« bonheur de l'humanité. Votre général en chef, votre
« prince, puisqu'il réunissait tous les pouvoirs, vous a
« bien gouverné. A-t-il tergiversé après la journée de
« Waterloo et la capitulation de Paris ? Le roi peut
« avoir des sujets plus fidèles, il n'aura jamais de ser-
« viteur plus utile.

« Tous les germes de séduction, ou, pour mieux
« dire, tous les éléments d'opposition se trouvaient

« parmi nous; il a tout ramené par la sagesse et la
« fermeté. Le roi et la patrie perdent un précieux
« défenseur.

« Bientôt, le bruit de son trépas va retentir du centre
« aux extrémités du royaume ; partout on va payer à
« sa mémoire le tribut du respect et de l'admiration.
« Habitants de Belfort, vous lui devez d'autres hon-
« neurs, des louanges qu'il a su mériter. C'est le con-
« cert de votre amour, de vos regrets : comme il vous
« aimait!... Il vous avait en quelque sorte adoptés.
« Habitants de Belfort, ses restes mortels vont rejoin-
« dre les cendres de ses aïeux, aux acclamations de la
« reconnaissance nationale. Dans un instant, il ne vous
« restera de lui que ses souvenirs ; mais les souvenirs
« sont l'aliment des bons cœurs. Nous pouvons anno-
« blir nos chagrins, les perpétuer, les transmettre à
« nos descendants, à tous ceux qui visiteront nos con-
« trées. Depuis longtemps, on projette la restauration
« d'un monument qui vous est cher (1); on s'en est
« même occupé, malgré nos calamités. Ne pourrions-

---

(1) Il est fait ici allusion à la Pierre de la Miotte, dont on avait projeté la restauration dès la fin de 1789. L'illustre Kléber, alors architecte de la ville, avait été chargé par la municipalité de s'occuper des moyens de rétablir ce monument, qui était depuis longtemps dans le plus triste état de délabrement. Le 6 Mars 1790, Kléber présenta un plan, que le Conseil adopta, avec réserve néanmoins qu'il ne serait mis à exécution que dans le cas où les citoyens se prêteraient volontairement à une souscription qui allégerait considérablement les frais de la ville. Les évènements graves qui suivirent ne permirent pas de donner suite à ce projet.

« nous pas élever, sur la plus haute de nos collines,
« une pyramide à la fois simple et sentimentale ? On y
« lirait cette inscription touchante : *A leur Bienfai-*
« *teur, le général Lecourbe, mort chez eux le 23 Octo-*
« *bre 1815, les enfants de la Miotte toujours désolés,*
« *toujours reconnaissants !* »

Cette oraison funèbre, que l'on trouverait aujourd'hui pleine d'emphase et d'un sentimentalisme exagéré, était bien dans le style de l'époque. Mais elle était fort habile, et il avait fallu à ce moment un certain courage pour en prononcer quelques passages, assez délicats à traiter. Aussi porta-t-elle à son comble l'émotion des assistants, dont la plupart ne purent retenir leurs larmes.

Les autorités et les troupes quittèrent ensuite le convoi, que les artilleurs de la garde nationale accompagnèrent jusqu'à Argiésans, où était le premier poste autrichien.

Lecourbe restera une des plus grandes figures de notre histoire locale. Les fils et les petits-fils des Belfortains de 1815 ont tenu à honorer et à perpétuer sa mémoire : une des rues de la ville-neuve de Vauban porte son nom, et l'un des tableaux historiques qui ornent la grande salle des fêtes de l'Hôtel de Ville, le représente à cheval, dans le feu du combat. A son tour, la poésie populaire a voulu le célébrer, et le dernier couplet de la chanson des *Enfants de la Pierre de la Miotte* rappelle un des plus glorieux faits d'armes de son héroïque défense de Belfort :

Quand l'étranger vint envahir la France,
Par trahison et non pas par valeur,
Lecourbe sut, non loin de l'Espérance,
De l'ennemi ôter le peu d'honneur ;
En l'arrêtant avec sa seule escorte
Il le battit assez près d'Offemont.
Il était là, sous la Pierre de la Miotte,
Avec nos rejetons.

XII

Pendant qu'au milieu de la consternation générale ces évènements se passaient à Belfort, une cérémonie bien triste et bien touchante, mais d'un caractère tout intime, avait lieu à Foussemagne.

A ce moment, de nombreuses troupes autrichiennes, quittant la France après la conclusion de la paix, repassaient par là pour retourner dans leurs foyers. Parmi elles se trouvait justement le régiment de cavalerie dont j'ai parlé en faisant le récit de la journée du 30 Juin. Le jeune officier voulut revoir son père avant de regagner sa patrie ; il alla droit sur le lieu de sa sépulture, fit exhumer son cercueil, dont il enleva lui-même une planche, et considéra longuement et religieusement ce qui restait de celui qu'il avait tant aimé, et qui, victime de son devoir, reposait loin des siens, dans une terre étrangère. Puis, la planche reclouée et le cercueil replacé dans la fosse, il fit faire un monument qui, peut-être, existe encore de nos jours dans la prairie située entre Foussemagne et Montreux-Vieux :

la pierre tumulaire fut taillée dans la cour du château. A son départ, ce brave enfant recommanda aux habitants du village d'avoir bien soin du tombeau qu'il leur confiait. Deux fois il fut renversé par les intempéries du temps, et deux fois il fut redressé sur sa base par les paysans. A l'époque déjà bien lointaine — en 1847 — où je recueillais les souvenirs qui m'ont servi à rédiger une partie de cette étude historique, j'appris par des habitants du pays que le jeune lieutenant, qui était devenu colonel autrichien, avait écrit, quelques années auparavant, au maire de Foussemagne pour lui demander dans quel état se trouvait le tombeau de son père; il lui envoyait en même temps de l'argent pour les réparations qu'il y aurait à y faire.

Cependant la réaction royaliste s'accentuait de jour en jour. Les lois de vengeances votées par les Chambres, les mesures de rigueur ordonnées par les ministres, les procès politiques dont le compte-rendu remplissait chaque matin les journaux, irritaient ou inquiétaient une masse considérable de citoyens. C'était surtout dans la jeunesse des classes moyennes et dans la classe ouvrière que l'irritation se montrait le plus. La mort, presque foudroyante, de Lecourbe avait fait circuler dans le peuple de singulières rumeurs. On l'avait vu à cheval, le 8 Octobre, avec toute l'apparence de la santé; quinze jours après, il était au cercueil. On se rappelait avec quelle hâte on avait procédé à un interrogatoire pour obtenir du mourant quelques révélations sur le maréchal Ney. L'imagination populaire avait pu supposer un instant que le général, se croyant compromis dans un procès dont il devait prévoir l'issue, avait cherché à abréger ses jours. On prononça tout bas le mot de poison. Toutes ces choses, fermentant sourdement dans une certaine partie de la population, avaient excité un mécontentement que l'on comprimait à grand'peine, mais qui ne pouvait tarder à se manifester par des actes extérieurs.

En effet, au matin du 1er Novembre, on s'aperçut que les écussons fleurdelysés placés au-dessus des portes de France et de Brisach étaient souillés et disparaissaient sous les immondices dont on les avait couverts. Aussitôt la municipalité rédigea et publia la proclamation suivante :

« Habitants de Belfort !

« Vous avez de grands dangers à courir, il faut coopérer à y remédier : des malveillans, nous ne pouvons nous le dissimuler, mécontens des circonstances qui les laissent dans l'incertitude de leur sort, emploient les moyens les plus vils, quoique les plus faibles, pour se satisfaire. Ils cherchent à nous attirer le blâme et l'animadversion d'un gouvernement que nous devons chérir, qu'ils abhorrent, et duquel cependant ils dépendent, pour soutenir une existence qui n'est précieuse que pour eux.

« L'homme raisonnable et courageux dans le danger ne s'arrêtera pas à salir des armoiries respectables. Partageons la sollicitude d'un gouvernement paternel, qui mérite à tout égard notre attachement et notre amour. Surveillons, les uns et les autres, il est de notre intérêt, les mauvais sujets. La justice en fera raison ; nous nous garantirons des maux qu'ils veulent nous attirer. Il ne faut pas qu'un petit nombre d'invidus, déjà très mal famés sans doute, qui n'ont rien à perdre, mais qui espèrent beaucoup gagner dans le trouble et le désordre, imposent et fassent la loi au grand nombre de gens bien pensans, mais qui n'ont pas assez d'énergie. Surveillons, et le maire de Belfort, animé de l'esprit du bien public, vous engage à dénoncer les malveillans. Il vous sera facile de vous convaincre que ces mauvais sujets signalés ne méritent pas de faire partie de notre famille. Si nous ne pouvons arrêter les manœuvres les plus minutieuses et les plus astucieuses, entravons-les du moins pour nous garantir des dangers auxquels nous sommes exposés, et de la mauvaise réputation que l'on s'efforce de nous attirer.

« La présente proclamation sera lue et publiée par un de nos agens de police, et en notre présence, dans toutes les rues tant de la ville que du faubourg.

« Fait à la mairie de Belfort, le 1er Novembre 1815.

« Pour le Maire, le 1er Adjoint en faisant les fonctions :

« DEGÉ. »

Cette manifestation contre les Bourbons tombait on ne peut plus mal à propos au point de vue des intérêts de la ville. Justement ce jour-là, la municipalité belfortaine venait d'adresser au comte de Castéja, préfet du département du Haut-Rhin, une pétition ainsi conçue :

« Le Maire de la ville de Belfort a l'honneur de vous exposer :

« Que les habitants de cette ville sont hors d'état d'acquitter les deux cents centimes par franc dont la perception est ordonnée par arrêtés des 3, 12 Juillet, 10, 30 Août et 7 Octobre 1815.

« La première invasion de la France a fait peser sur eux des charges disproportionnées à leurs moyens ; la seconde a mis le comble à leur infortune.

« Bloquée depuis le 24 Décembre 1813 jusqu'au 16 Avril 1814, et bombardée à plusieurs reprises, la ville de Belfort a éprouvé pendant 113 jours toutes les horreurs d'un siège. Il a fallu que les habitants partageassent avec la garnison, dépourvue d'approvisionnement, et avec la classe indigente la faible masse de subsistances qu'un investissement imprévu et subit leur avait permis de rassembler. Les dommages causés à leurs maisons, à leurs propriétés par le feu de l'ennemi sont évalués à la somme de 526.000 francs.

« Après la capitulation de la place, ils ont été soumis, comme vos autres administrés, au fardeau du passage, du logement et de l'entretien des troupes étrangères.

« Ils respiraient à peine sous la douceur du gouvernement royal, lorsque la catastrophe déplorable du mois de Mars les a replongés dans de nouveaux désastres. Cette fois, ils ont reçu l'ordre de s'approvisionner pour six mois, mesure qui a occasionné un surcroît de dépense extrêmement onéreux au plus grand nombre. Investis depuis les premiers jours de Juillet jusqu'au 16 Octobre, ils ont été écrasés de logements militaires, de réquisitions de toute espèce, et obligés de fournir à l'armée renfermée dans la place et à ses hôpitaux tout ce qui leur manquait. Enfin, le général en chef, après avoir épuisé toutes ses ressources, insuffisantes pour payer la solde de son armée, a frappé les habitants d'un emprunt forcé de plus de 82.000 francs, qu'il a fallu fournir sous peine d'exécution militaire. Ils n'aperçoivent pas encore le terme du remboursement de cette avance énorme, qui a quadruplé leurs contributions ordinaires.

« Pour être délivrés des entraves du blocus, ils ne sont pas déchargés des logements militaires ; la cavalerie de l'armée occupe encore leurs maisons, et les circonstances leur ont imposé une nouvelle charge dans le service extrêmement actif et pénible de la garde nationale chargée de tous les postes de la place.

« Des 200 centimes de contributions extraordinaires, la première moitié levée par ordre des commandants des armées étrangères ne devrait pas atteindre les habitants de Belfort, dont les charges particulières, supportées pendant trois mois et demi de blocus, sont au moins égales, si elles ne surpassent pas, celles qui ont pesé sur les autres habitants du département.

« Puissent ces considérations vous déterminer, Monsieur le Préfet, à accorder aux habitants de Belfort la décharge des premiers 100 centimes par franc de leurs contributions ordinaires, et à suspendre la perception des seconds jusqu'à ce qu'ils aient obtenu du gouvernement le remboursement qu'ils sollicitent du prêt forcé de 82.000 francs qu'ils ont fournis pour la solde de l'armée d'observation du Jura par ordre du général en chef, M. le comte Lecourbe.

« Pour le Maire, le 1er Adjoint en faisant les fonctions :

« DEGÉ. »

Nous ne savons quelle suite fut donnée à cette requête.

Quelques jours après, Quellain devant quitter Belfort, donna sa démission de maire. Une ordonnance du 25 Novembre nomma, pour le remplacer, le colonel Jean-Hugues-Théophile Chancel, chevalier de Saint-Louis et de la Légion d'honneur. Il était naguère encore commandant de place à Huningue et s'y était vaillamment comporté pendant tout le temps du blocus et du siège, payant de sa personne et électrisant tout le monde par son courage. Amputé du bras gauche, blessé de nouveau pendant ce siège par un éclat d'obus, il pensait être élevé au grade de général de brigade après la capitulation. Le gouvernement le mit à la retraite, et il choisit Belfort pour y fixer sa résidence.

Le 30, Chancel fut installé dans ses nouvelles fonctions par le sous-préfet René-Antoine-Buphile, comte Woldemar de Brancas. Boillot, colonel de la garde nationale, profita de cette séance d'installation pour prononcer les paroles suivantes :

« Notre premier hommage est au roi et à son auguste
« famille. Après avoir exprimé notre dévouement sin-
« cère pour sa personne, nous lui devons encore l'ex-
« pression de notre reconnaissance pour le choix qu'il
« a fait de M. le comte de Brancas pour remplir les
« fonctions de premier magistrat de cet arrondisse-
« ment, et nous devons remercier ce magistrat d'avoir
« mis à la tête de la ville M. le colonel Chancel.

« Vive M. le Sous-Préfet ! Vive M. le Maire ! »

Un mois après, le 29 Décembre, le maire Chancel, s'adressant aux habitants de Belfort, s'exprimait ainsi :

« Au moment où je commence les fonctions de l'emploi qui m'est confié, je crois convenable d'exposer à mes concitoyens les principes qui me dirigeront en toute circonstance. Attachement aussi respectueux qu'inébranlable à la personne de notre roi légitime et à l'auguste famille des Bourbons ; soumission parfaite aux lois de l'Etat ; la plus scrupuleuse attention à les suivre, ainsi qu'à faire observer en tout ce qui dépendra de moi les règlements émanés des autorités légales, et, pour les intérêts de mes administrés un zèle qui n'aura de bornes que celles de mes facultés. Ces règles invariables de ma conduite publique et privée étant mises au rang de mes premiers devoirs, j'espère, en justifiant un choix qui m'honore, obtenir des habitants de cette commune la confiance qui m'est nécessaire, et leur estime que j'ambitionne et considère comme un premier dédommagement de mes travaux. »

* *

Tels sont les évènements qui se succédèrent à Belfort pendant l'année 1815, une des mieux remplies, des plus mouvementées des annales de notre ville. J'ai pensé qu'il était bon de rappeler à mes compatriotes cette belle et émouvante page de notre histoire. Il ne faut pas que leur courageuse et patriotique conduite de 1870 leur fasse oublier la glorieuse défense de 1815, et que l'attitude du colonel Denfert efface celle de Lecourbe. Tous deux ont également droit au souvenir et à l'admiration des Belfortains. Denfert a son monument sur notre place d'Armes; Lecourbe attend encore le sien dans la cité qui fut le théâtre de ses plus brillants exploits.

Saint-Dié-des-Vosges, le 15 Septembre 1888.

158

www.ingramcontent.com/pod-product-compliance
Lightning Source LLC
LaVergne TN
LVHW050606090426
835512LV00008B/1363